감정회복

닫혀버린 마음도 열고
사람도 잃지 않는

감정회복

윤재진 지음

| 머리말 |

나는 더 이상 상처받고 싶지 않다

　나는 어렸을 때 아역배우로 연기를 시작해 대학에서 연극영화를 전공했다. 스물다섯 살 때까지는 배우로서 연기를 열심히 했지만 불안정한 배우 수입으로는 생계를 유지할 수 없어 직장생활을 시작했다. 그 후 서비스 업종에 종사하고 연예인 매니지먼트 회사에서 기획 분야를 담당했으며 CS강사로 종횡무진 활동했다.
　배우일 때는 다양한 역할을 하며 무대 위의 주인공처럼 살았지만, 배우를 그만두고 나서는 대부분 갑이 아닌 을의 입장에서, 그리고 나 자신이 빛이 나는 역할보다는 다른 사람을 빛이 나게끔 서포트하는 역할을 하며 살았다.
　내 인생에서 가장 힘든 고비가 온 것은 7년 전 남편과 사별했을 때였다. 그때 둘째아이가 임신 7개월이었고, 큰 딸은 7살이었다. 하루아침에 가장이 되어 두 아이와 함께 먹고사는 책임을 홀로 져야 했다.
　웃고 싶지 않아도 웃어야 했고 울고 싶어도 웃는 척해야 했다. 출산을 하고 강의를 다니며 자존심 상하는 일을 당해도 말 한 마디 시원하게 못하고 살았다. 냉혹한 현실이 실감이 났다.

'누군가 나에게 일을 주지 않으면 생계를 이어가기 힘들 것이고 그리고 소중한 나의 아이들은 어떻게 될까?'

이런 생각을 하면서 내 자존심과 자격지심을 신발장에 놓고 다녔다. 남에게 불편한 소리를 듣기 싫어서 눈치 보는 감각이 발달했다.

그런데 그렇게 사는 게 날이 갈수록 너무나 힘들었다. 웃는 표정을 짓고 씩씩한 척하는 목소리를 내어 주변 사람들과 가족들이 안심할수록 나 자신은 점점 고통으로 인해 피가 바싹 말랐다.

"괜찮지?", "너는 잘할 거야." "넌 할 수 있어." 이런 말들을 들으면 제일 화가 났다. 그리고 속으로 '본인들 마음 편하기 위해 그런 소리를 하는 거지.' 하는 생각이 들면서 남들의 선의와 격려도 왜곡해서 해석하기 시작했다. 일거리가 없어질까 봐, 아이들이 불쌍해질까 봐 늘 불안하고 두려웠다. 항상 심장이 조마조마했다.

'내가 과연 언제까지 버틸 수 있을까?'

불안과 공포를 어딘가에서 폭발시키고 싶어 미칠 지경이었다.

사별 후 강사로 일하다

나는 배우생활을 할 때는 명랑하고 잘 웃는 사람이었다. 그러나 강사로 일한 후부터는 오로지 일을 하기 위해서 늘 웃는 가면을 쓰며 순간순간 살았다. 나중에는 하도 웃어도 아예 표정 근육이 잡혀져 버릴 정도였다.

무안해도 웃고, 속상해도 일단 웃고, 화나도 웃었다. 일이라도 잘 되는 날은 잘 사는 것 같은 기분에 보람이 있지만 일이 취소되는 날은 허허실실 웃는 내 자신이 서글펐다. 잠들려고 하면 비참해져서 잠을 이루지 못했다. 유난히 많이 웃은 날은 돌아서자마자 더 우울해졌다.

남들이 은근히 무시하거나 비위가 상해도 웃음으로 일관해야 하는 나 자신의 내면은 분노로 출렁거렸다. 그래도 뻔뻔해져야 했다. 아이들을 위해서, 일을 위해서 웃는 것도 일종의 뻔뻔함이었다.

어느 날, 한 업체의 강의가 내 의사와 상관없이 일방적으로 취소가 된 날이었다. 충무로 거리를 걷다가 기둥 앞에서 울고 말았다. 어찌어찌 집까지 왔는데 다시 돌아서 동네를 걸었다. 더 이상 웃을 자신이 없었다. 입에서 욕이 나오기 시작했다.

"xxxx 콱 망해라!"

그러면서 발로 땅을 세게 치니 묘하게 시원했다. 그리고 이렇게 내뱉었다.

"그래! 나 과부다! 무시해라, 무시해!"

그런 단어는 나 자신에조차도 금기어나 마찬가지였다. 들키고 싶지 않은 단어였다. 그런데 이렇게 본능적으로 화를 표출하니 차라리 안정이 되는 것을 느꼈다. 홀가분한 기분이 들었다.

계속해서 길을 걸었다. 그러다 문득 '그들도 성공을 하고 싶으니까 그런 거야.'라고 생각을 하니 나를 질투하거나 방해하는 모든 사람들의 마음이 조금 이해가 갔다. 그리고 세상을 다른 각도에서 생각해보았다. '그래도 남을 질투하는 것보다는 남에게 질투를 받는 인생이 더 낫지 않은

가!' 라고.

웃기 위해서는 마음을 먼저 어루만져야 한다

나 자신이 강사가 되기 15년 전, '스마일서비스 스킬'을 강의하는 어떤 강사를 보면서 속으로 이런 생각을 했다.

'웃는 스킬이라면 누구보다도 잘 알고 있는 나인데. 사진 모델도 해봤던 나니까 입 모양을 어떻게 만들고 치아가 몇 개가 보이도록 웃어야 예쁘게 웃을 수 있는지는 너무나도 잘 알고 있는데…. 그런데 난 지금 웃을 기분이 아니거든? 만약 나중에 내가 강사가 된다면 웃는 스킬을 가르칠 것이 아니라 '왜 지금 웃지 못하는 기분이세요?' 라고 정서를 묻겠어. 뭐가 속상한지 말이라도 해보라고 하겠어.'

기업체나 조직에 가서 강사들이 웃는 방법을 가르치고 긍정 마인드를 갖고 회사에 충성하라는 내용을 주입식으로 가르쳐봤자, 사람들의 마음을 어루만지지 않으면 한 귀로 듣고 한 귀로 흘릴 것 같았다. 웃지 못하는 속상함을 먼저 어루만져야만 제대로 웃는 방법을 가르칠 수 있을 것 아닌가! 그렇다면 사람들의 마음을 어루만지고 내면의 진실을 끄집어내려면 어떻게 해야 할까? 주입식이 아닌 체험을 통해서만 가능할 것이다. 그래야 본질에 다가설 수 있고 자발적인 정서를 끄집어낼 수 있다.

사람들이 웃지 못하는 건 웃는 방법을 몰라서가 아니라 웃어지지 않기 때문에 못 웃는 것이다. 이때 생각했던 것이 나중에 진짜 강사가 되었을 때 '역할심리극'이라는 체험 연극 기법을 도입해서 심리극을 활용한 '정서 걷어내기 체험' 프로그램을 만드는 계기가 되었다. 구성원 사이의 불편한 진실을 드러내 본질적인 대화를 유도하고 마음속의 억울한 점이나 분노를 풀어내는 방법. 이것이 바로 연극 기법을 활용한 심리극이다.

대학원 과정을 통해 사이코드라마를 깊이 공부하고 역할극을 통한 심리치료 방법을 연구하면서, 나 자신도 사이코드라마를 통해 마음의 문제가 해소되는 것을 경험했다. 극을 통해 3시간 동안 토해내고 나자 뭔가가 달라졌다.

'나는 힘든 현실에 놓인 과부가 아니라 당당한 싱글맘이구나! 나는 '팔자 센 여자'가 아니라 앞으로 또 연애할 기회가 생긴 젊은 여자구나!'

그 다음부터는 '웃는 척'을 하지 않아도 되었다. 거짓 웃음이 아닌 진짜 웃음이 나왔다. 신나는 기운이 저절로 나왔다. 이런 것들을 다른 사람들에게도 전달하고 싶었다. 어려운 상황 속에서 자포자기하는 사람들, 스트레스를 술이나 다른 소모적인 습관으로 푸는 사람들, 상처받은 사람들, 분노하는 사람들에게 제대로 된 꿈을 꾸게 하고 삶에 대한 자발적인 의욕을 만들어주는 사람이 되고 싶어졌다.

'감정회복'을 통해 마음의 문제를 해소해야 한다

흔히 우리나라 사람들은 '사이코드라마'의 '사이코'라는 단어에 대해 부정적인 편견을 가지고 있다. 그래서 편견을 불러일으킬 수 있는 단어 대신 사이코드라마를 우리말로 옮긴 심리극이라는 용어를 주로 사용하게 되었다. 나는 사이코드라마를 처음 공부하고 연구할 때부터 이것이 우리나라 사람들에게 많은 공감을 불러일으킬 수밖에 없는 현실이 올 거라는 확신을 했다.

실제로 지난 8년간 심리극 전문 강사로 활동하면서 직장인을 대상으로 한 기업체 워크숍 등에서 좋은 반응을 얻었고 그밖에 학생들, 전문직 종사자, 경찰청이나 구치소 같은 특수 단체, 연예인이나 연예인 지망생, 가족단위 등 다양한 사람들을 만나며 그들의 상처와 분노를 마주할 수 있었다.

〈꿈의 해석〉으로 유명한 정신과 의사이자 심리학자인 프로이트에게 영향을 받은 몇몇 제자들이 있다. 그 중 '사이코드라마'를 처음으로 창시한 '제이콥 모레노'는 꿈이라는 것을 다른 시각으로 바라봤다. 그는 이런 명언을 남겼다.

"프로이트는 꿈을 분석하지만 나는 꿈을 꾸게 하고 싶다."

이 말처럼 나 역시 사람들이 마음의 문제를 극복하고 삶에 대한 꿈을 꿀 수 있도록 돕는 일에 큰 보람을 느끼고 있다.

누구나 현실 속에서 분노와 좌절을 경험할 수 있다. 하지만 마음의 문제를 해소하기만 해도 좌절을 극복하는 데 큰 도움이 된다. 살아 '남기' 위해서는 일단 살아 '가야' 하며, 어떤 문제를 해결하려면 반드시 '해소'를 해야 한다. 마음의 불편함을 해소하는 것만으로도 해결을 향해 나아갈 수 있다.

정답이 아닌 '해답'을 찾고, 해결이 아닌 '해소'를 먼저 하는 것. 그것이 바로 '감정회복'의 출발이자 본질이다. 이 책을 읽는 모든 독자들이 '감정회복'을 접함으로써 삶에 대한 새로운 희망을 가졌으면 하는 바램이다. 그리고 이 책이 출간되기까지 많은 관심과 조언을 해주신 이내화 성공전략연구소 대표님께 감사의 말씀을 드립니다.

2015년 8월
윤재진

(※ 이 책에 소개된 모든 상담사례는 당사자들의 프라이버시 보호 및 상담 윤리 원칙을 위하여 실명을 밝히지 않을 뿐만 아니라 내용상으로도 약간의 변형 및 각색을 거친 것임을 밝힙니다.)

| 목차 |

머리말
　나는 더 이상 상처받고 싶지 않다 · 08

1장
언제까지
그렇게
살래?

1. 몰라주면 누구라도 미칠 수 있다 · 20
[이거알아요?] 한국인만 가지고 있는 '화병(hwa-byung)' 이란? · 25

**2. '욱해서 그만…' 당한 만큼 갚아주겠다는 심리는
왜 그럴까?** · 26
[이거 알아요?] 분노조절장애의 3가지 특징은? · 32
[이거 알아요?] 도로 위의 분노범죄 '로드레이지' 란? · 34

3. 왜 나만 참아야 돼? · 38
[아하! 그렇구나] 분노 제어 실패, '화풀이' 의 9가지 유형 · 44
[이거 알아요?] 분노를 다스릴 수 없을 때는 이렇게 하기 · 48
[이거 알아요?] 분노와 관련된 대표적인 장애는?: 충동조절장애 &
　성격장애 · 49

4. 이 시대 분노범죄의 유형을 알아보자 · 57

[이거 알아요?] 가해자이면서 피해자, 청소년범죄가 늘고
있는 이유는 무엇인가? · 85

[이거 알아요?] 자살, 협박... 긴박한 현장일수록 지지와
위로가 절실하다 · 88

[윤재진의 실전사례] 게임중독에 빠진 중학생의 속마음 · 90

2장 감정회복의 물꼬를 찾다

1. 성공지향 교육이 남긴 문제에서 탈출하기 · 96

[이거 알아요?] 마음속의 화를 다루는 최악의 방법 best6 · 103

2. 잘못된 부모교육이 분노의 씨앗을 싹 틔운다 · 106

3. '남 탓' 하는 의식구조의 원인은 무엇인가? · 112

[이거 알아요?] 분노 중독의 메커니즘 알기 · 117

4. 수직사회는 분노의 압력밥솥이다 · 119

5. 마음속의 거대한 '싱크홀' · 126

[그게 가능해?] 분노를 조절하고 다룰 수 있는 5가지 법칙 · 130

6. '해소' 가 되어야 '해결' 이 된다 · 132
[아하! 그렇구나] 분노감정을 타인에게 효과적으로 전달하는
5가지 비결 · 139

7. 내 분노감정의 무게는 얼마인가? · 142
[아하! 그렇구나] 분노감정을 제어하는 4step · 147

8. 분노감정의 유형도 사람마다 다르다 · 150
[이거 알아요?] 왜 그 사람 때문에 화가 날까? : 타인으로 인한
분노 이해하고 제어하기 · 155

9. '화'는 아프다는 신호다 · 160
[이거 알아요?] 분노를 긍정적 변화로 전환하는 8가지 요령 · 166

10. 감정회복 연습이 필요하다 · 170
[아하! 그렇구나] 나를 화나게 하는 분노유발자 유형 7가지 · 176
[윤재진의 실전사례] 연예인들의 삶, 그리고 말 못할 사연 · 180

3장
마음의 위기 심리극으로 극복할 수 있다

1. 대본 없는 연극, '심리극' 이란 무엇인가? · 184

2. 심리극, 어떻게 진행되나요? · 188

3. 실제 사례로 알아보는 심리극의 생생한 현장 · 193

4. 모든 직업군에 심리극 처방이 필요한 이유는? · 213

[윤재진의 실전사례] 군대폭력을 당한 후 살해욕구에 시달린 군인 · 219

[부록]
감정회복을 위한 실전 참가 프로그램 어떻게 진행되나요? · 226

맺음말
절망 속에도 희망은 있다 · 242

| 1장 |

언제까지 그렇게 살래?

지금 한국사회의 거의 모든 사람들은 분노에 시달리고 있다. 우리 사회를 분노사회로 만들고 분노와 관련된 각종 무서운 사건과 범죄를 양산하게 한 원인은 무엇인가? 일부 계층의 비뚤어진 사고에서 비롯된 '갑질' 의식이 모든 계층에 확산되고 개인의 분노를 해소할 안전한 계기는 마련되지 않은 채 서로에게 상처를 주고 있다. 우리를 분노하게 하는 사회구조와 심각한 현실에 대해 돌아본다.

1
몰라주면 누구라도
미칠 수 있다

해소되지 못한 분노는 언젠가 폭발한다

 항상 막말을 퍼붓는 시어머니를 20년간 착실하게 모시며 살아온 며느리가 있었다. 시어머니는 항상 며느리를 무시하고 구박하고 아무 말이나 했다. 하지만 며느리는 아무 것도 할 수 없었다. 며느리로서의 도리를 다해야 한다는 생각에 늘 순종했다. 자신의 기분을 감추고 화가 나도 속으로 삭혔다.
 그러던 어느 날 시어머니가 또 다시 심한 말을 쏟아 부었다. 시누이의 산후조리를 도와주지 않는다는 이유로 욕을 하고 구박을 했다. 며느리는 그때 처음으로 시어머니를 똑바로 쳐다보며 이런 말을 했다.
 "전 못해요. 더 이상은 못하겠어요."
 그러고 나서 며느리는 그 길로 나가서 농약을 먹고 자살을 했다.

얼마 전 우리 사회를 떠들썩하게 한 대한항공의 '땅콩 회항' 사건, '욱' 하는 화를 참지 못하고 저지르는 엽기적인 범죄에 대한 수많은 소식들, 사람들을 분노하게 만드는 여러 가지 복잡한 사회 구조와 개인의 경험들, 그리고 이제는 유행어를 넘어 사회 병리 현상이 되어버린 '갑을관계'와 '을'들의 울분의 목소리⋯⋯. 대한민국 사회상을 보면 분노와 상처, 그리고 피해의식이 사람들의 마음속을 지배하고 있는 것 같다.

열심히 살기 위해 제일 먼저 버리는 것은?

우리나라 사람들은 참 열심히 살아왔다. 기성세대는 개발과 발전을 위해 평생 열심히 살았고, 젊은 세대는 취직과 생존을 위해 열심히 살고 있다. 전 세계에서 가장 열심히 일하고, 많이 일하는 나라가 대한민국이라 해도 과언이 아니다. 그에 비해 가장 휴일을 못 즐기고 휴가를 덜 가는 나라, 대부분의 사람들이 자신의 힘든 마음을 가장 방치한 채 살아가고 있는 나라도 대한민국일 것이다.

사람이 열심히, 부지런하게, 그리고 착실하게 살기 위해서는 어쩔 수 없이 버려야 하는 것들이 있다. 가장 먼저 버리는 건 개인의 '감정'과 '기분'이다. 그리고 타인의 감정과 기분에 맞춘다. 그래야만 살아남을 수 있기 때문이다.

그러다 보면 어느 순간 '나'는 없어진다. 그리고 타인이 곧 내가 된다. 타인의 기분, 타인의 말, 타인의 요구를 내 것으로 받아들여야 한다. 말하고 싶은 것이 있어도 버리고, 표현하고 싶은 내 기분이 있지만 버린다.

그 대신 삭히는 것, 담아두는 것, 참는 것을 배운다. 표현하고 싶지만 표현하지 못하고, 말하고 싶은 게 있어도 차마 말하지 못한다. 꾹꾹 참고 눌러둔다. 이것을 평생 착실하게 반복한다. 그리고 어느 순간 미쳐간다.

극단적인 선택을 하고 삶을 마감한 며느리도 처음에는 행복한 결혼생활을 꿈꾸던 꽃다운 새댁이었을 것이다. 남편과 시댁을 위해 최선을 다해 노력하려 했을 것이고, 심한 말을 듣고 구박 당해도 언젠가는 시어머니도 진심을 알아줄 거라고 생각했을 것이다. 시집살이가 다 그런 것 아니겠느냐며 참고 또 참았을 것이다.

그러나 20년이 지나도 며느리를 인간 이하로 취급하며 무시하는 시어머니의 태도는 변하지 않았고 그녀에게 따뜻한 말 한 마디 해주는 식구는 아무도 없었다. 남편도 그녀를 지켜주지는 못했다. 그녀는 자신의 삶을 끝내버리는 선택을 하였지만 평생 울분을 삭이며 살았던 그녀의 모습은 우리에게 결코 낯선 모습이 아니다.

며느리가 시어머니에게 자기 기분을 드러내거나 항의하지 못하고 복종해야 했던 건 우리 사회에 뿌리 깊이 박혀 있는 유교적 정서와 문화가 큰 작용을 했기 때문이다. 아무리 시어머니가 부당한 요구와 언어폭력을 휘두른다 해도 며느리는 아랫사람이자 자식이므로 꾹 참고 받아들여야 했다. 며느리 자신도 그렇게 생각해서 참았을 것이고 주변 사람들도 그걸 당연하게 여기며 "네가 참아라."라고 했을 것이다. 이런 유교적 정서는 우리 사회 곳곳의 수직적 계급구조로 긴밀하게 연결된다.

개인의 문제가 아니라 사회구조와 의식의 문제

전국의 감정노동자들을 대상으로 실시한 한 설문조사에 따르면 감정노동자, 즉 '고객을 응대하는 업무를 해야 하는 노동자'의 80퍼센트 이상이 고객으로부터의 욕설, 인격 무시, 폭력, 성희롱, 지나친 요구 등으로 인해 불쾌감과 스트레스를 겪은 적이 있다고 한다.

전화 응대를 하는 콜센터 직원을 비롯해 크고 작은 업장의 종업원, 서비스직 종사자들이 겪는 모욕감과 정신적 스트레스는 날이 갈수록 심화되고 있다. 고객들은 마치 제왕이 노예를 부리듯이 이들에게 언어적, 정신적, 때로는 신체적 폭력을 가하는 것을 당연시한다.

그러나 이들 노동자들은 철저한 '을'의 처지에 놓여있기 때문에 고객의 폭언과 인격 모독을 무조건 참고 감수해야 한다. 그들을 보호할 수 있는 최소한의 제도와 시스템은 거의 마련되어 있지 못한 것이 현실이다.

사회 양극화가 점점 심해지면서 계층이 높은 사람과 낮은 사람, 수입이 많은 사람과 적은 사람, 권력을 가진 사람과 못 가진 사람, 학벌과 스펙이 좋은 사람과 그렇지 않은 사람 간의 상하관계가 기형적으로 왜곡되고 그 가운데 돈과 권력과 스펙을 더 가진 '갑'들의 횡포가 만연하기 시작했다. 그로 인해 소위 '갑질'을 당연시하는 의식구조가 형성되었다. 뿐만 아니라 누구나 '갑질'을 하고자 하는 욕망을 갖게 되었다. 특히 사회 지도층이나 권력 계급, 이른바 우리 사회 '갑'의 최상위층에 있는 사람들의 권위의식이 이러한 사회 구조를 더욱 견고하게 만든다.

그리고 그보다 더 심각한 것은 이것이 일부 계층의 문제가 아니라 사회

전 계층으로 확산되며 악순환의 고리를 만들었다는 점이다. '갑' 에게 당한 상처와 분노를 해소하지 못한 '을' 들이 또 다른 장소에서 새로운 '갑' 으로 변신하여 타인에게 상처를 주고 있기 때문이다.

치욕과 분노가 만연한 사회

'갑질' 로 인해 타인으로부터 업신여김을 당하고 치욕감과 모멸감을 느낀 사람들의 마음속에는 분노가 쌓인다. 분노를 속으로 삭이고 담아두고 참아보지만, 심리적으로 건강하게 해소될 기회가 없으면 언젠가는 폭발하게 되어 있다. 그러한 폭발과 분풀이의 대상을 자신보다 좀 더 약자이거나 더 아래쪽 계층에 있는 불특정한 사람들에게서 찾는다. 그리고 약자 위에 일시적으로 군림해 '갑질' 을 함으로써 자신의 분노를 풀어내고 싶다는 욕구를 갖게 된다.

이렇게 전파된 분노가 타인을 향해 폭발하면 각종 분노범죄가 되고, 자신을 향해 폭발할 경우 우울증이나 자살 등으로 이어진다. 하지만 '갑질' 을 통해 분노를 배설하듯이 배출했다고 하더라도 마음의 화와 스트레스가 치유된 것은 아니기 때문에 악순환은 되풀이된다. 결국 사회 구성원 모두가 서로에게 상처를 주는 사회가 되어버렸다.

"내가 누구인지 알아?", "내 말 한 마디면 당신 하나쯤 아무 것도 아니야." 언제부턴가 이러한 말들로 인한 치욕과 분노가 우리 사회의 대부분을 차지하는 수많은 '을' 들의 내면에 상처를 남겼다. 사람의 감정이라는 것은 건강하게 순환되고 적절하게 배출되며 좋은 방향으로 나아가야 하는데 그렇게 되지 못하고 안에서 고여 썩어가며 폭발의 도화선이 되었다. 시어머니의 구박을 견디지 못하고 자살을 선택한 며느리 이야기. 이제는 이런 이야기가 더 이상 일부 개인의 문제만은 아니다. 우리를 미치게 만드는 사회의 구조와 의식이 어디에서 비롯된 것인지를 이제는 되돌아봐야 한다.

[이거 알아요?]

한국인만 가지고 있는 '화병(hwa-byung)' 이란?

일종의 우울증으로서 장기간 화와 분노를 억누름으로써 몸 안에 쌓인 화와 열을 견디지 못하여 화가 자주 나거나 사소한 일에도 신경질적이고 우울감을 동반하는 정신질환을 화병 혹은 울화병이라고 한다.
화병은 식욕저하, 피로, 불면, 호흡곤란, 손발 경련, 심혈관 질환, 명치 통증, 가슴 위로 열이 치밀어 오르는 듯한 느낌 등의 다양한 신체질환을 동반하기도 한다.
스트레스 및 분노가 원인이라는 점에서 우울증의 범위에 포함될 수 있지만 한국 특유의 사회적, 문화적 배경이 큰 영향을 주는 것으로서 1995년 미국 정신의학회에서는 화병을 전 세계에서 한국에만 있는 특유의 증후군으로 정의하였다.

2

'욱해서 그만…' 당한 만큼 갚아주겠다는 심리는 왜 그럴까?

모욕을 재생산하는 사회구조 때문이다

모든 사람이 서로에게 치욕감과 모멸감을 안겨주는 사회, 그리고 내가 받은 모욕을 다른 누군가에게 되돌려주어 앙갚음하겠다는 심리…. 어느덧 우리 사회에는 분노와 치욕을 무한하게 재생산하는 병적인 시스템이 만들어진 것 같다. 대체 어디서부터 잘못된 것일까?

〈모멸감〉의 저자인 성공회대 김찬호 교수는 이 책을 통해 지금의 한국사회를 '모멸감'이라는 감정으로 진단하여 화제가 된 바 있다. 이 책에서는 갑을관계 및 갑질의 의식구조를 재생산하는 요즘 한국사회의 감정의 원인을 모멸감이라는 키워드로 분석하면서, 우리 사회는 역사적으로 오랜 세월 유교문화권 특유의 체면 중시 사고방식, 즉 타인에게 업신여김을 당하는 것을 유독 참지 못한다고 하였다. 그런데 이러한 사고방식이 과거의 신분제 사회가 아닌 현대의 자본주의 사회로 넘어오면서 모멸감이라는 특이한 양상으로 발현되고 있다는 것이다.

"다른 사람의 말 때문에 자존심이 상한 적이 있다."

"타인이 나를 무시하는 것을 경험한 적이 있다."

"사회로부터 인정받지 못해 자괴감을 느낀 적이 있다."

"외모, 스펙, 학벌, 경제력 등으로 인해 열등감을 느낀 적이 있다."

"갑을관계로 인해 무력감을 느낀 적이 있다."

"사회 특권층의 횡포로 인해 분노감을 느낀 적이 있다."

위의 발언들은 최근 한국인에게서 가장 흔하게 나타나는 일상적 감정들이다. 기성세대에서 젊은 층으로 갈수록 더욱 보편적으로 경험하는 감정들이며, 일부 혹은 특정 계층이 아니라 굉장히 광범위한 계층의 사람들이 매우 일반적으로 느끼고 있는 감정들이기도 하다.

그리고 이보다 더 큰 문제는 위와 같은 치욕이나 열등감, 분노의 감정을 느낀 후에 어떻게 반응하느냐에서 드러난다. 남에게 극단적이고 모욕적인 언어폭력을 가하거나, 혹은 사회 특권층이 하위 계층에게 가하는 폭력을 흉내 내어 '갑질'을 일삼는 요즘 한국인의 내면에는 소통과 공감능력의 부재라는 심각한 현상이 드리워져 있다. 타인에게 받은 모욕과 그로 인한 분노를 해소할 출구를 또 다른 타인에게 찾는 것인데, 이것이 일부 성격이상자의 문제가 아니라 사회 전반에 걸쳐 병적으로 퍼져 있다.

게다가 개인이 받은 스트레스나 분노를 치료할 수 있는 상담시설이나 시스템은 발달하지 못하여, 내면의 상처를 받은 사람들에 대한 치료와 치유가 거의 이루어지지 못하고 있다. 지역이나 계층, 스펙에 따라 편 가르기를 하고 상대편을 배척하는 습성도 큰 역할을 하고 있다. 끔찍한 흉악범죄나 반사회적 범죄의 증가는 이러한 사회 분위기와 무관하지 않다. 극단적인 경쟁사회에서 수단 방법을 가리지 않고 무조건 타인을 밟고 이기기만 하면 된다는 입시 위주의 교육체계도 주요 원인이 될 것이다.

누구나 미칠 수밖에 없는 이유가 있다

 연기를 할 때는 배우가 맡은 역할이라는 게 있다. 그런데 드라마나 연극의 주인공들은 대개 현실에서 흔하지 않은 극적인 인생을 산 사람들인 경우가 많다. 미친 사람, 살인자, 살인자의 아내, 범죄자, 사회에서 소외된 사람, 은둔자, 예술가, 강간당한 여자 ….
 그런데 그런 역할을 연기하기 위해서는 그 주인공이 왜 그렇게 될 수밖에 없었는지 이해를 해야 한다. 이해를 해야 그 캐릭터에게 애정을 가질 수 있다.
 캐릭터를 이해하고 애정을 주다 보면 저절로 알게 된다. 사람은 누구나 미칠 수밖에 없는 각자의 이유가 있다는 것을. 나는 배우생활을 할 때 독특한 캐릭터를 연기할수록 이렇게 느낄 수 있었다. '아, 이 사람은 미친 게 아니라 아픈 거구나!' 라는 것을.
 사람이란 겉만 봐서는 그 사람이 왜 그런 행동을 하게 됐는지 판단하기가 어렵다. 각자의 잣대만 가지고 사람을 섣불리 판단하면 안 된다. 어떤 사람의 행동과 말에는 겉으로는 알 수 없는 그 사람만의 이유가 숨어 있다. 배우생활을 그만두고 강사가 된 후 내가 배우를 할 때 느꼈던 것을 확장시킬 수 있음을 깨달았다. 그리고 심리극이라는 것도 과거에 내가 '연극쟁이'로 살 때 이미 해봤던 것들의 연장선상에 놓여 있다는 걸 알았다.

분노 속에는 불편한 진실이 있다

　누구나 살다 보면 화가 날 때가 있지만 화를 표현하는 방식은 사람마다 다르다. 성격에 따라 분노를 욱하고 폭발시키는 사람이 있는가 하면 일단 그 순간에는 자기 분노를 표현하지 못하고 꾹 참는 사람이 있다. 분노를 즉시 폭발시키는 사람들 중에는 고혈압으로 쓰러지거나 혈관 관련 질병을 앓는 경우가 있을 수 있고, 분노를 꾹 참아두는 사람들 중에는 소위 화병이나 두통, 신경성 질환 등을 앓는 경우가 있을 수 있다.
　성격상 남보다 쉽게 욱하는 사람들의 경우 분노의 감정을 조절하지 못하고 막말을 하거나 충동적인 행동을 하기가 쉽다. 우리 주변에서도 그런 사람들을 많이 볼 수 있지만 TV에 나오는 연예인들 중에도 욱하는 감정 때문에 자기도 모르게 내뱉은 말이나 욕설 때문에 구설수에 오르는 사람들이 있다. 최근에도 한 예능 프로그램에서 두 여배우가 순간의 감정으로 인해 내뱉은 말 때문에 대중으로부터 비난을 받고 곤혹을 치른 적이 있었다.
　그런데 연예인이건 아니건 분노를 밖으로 드러내는 경우에는 각자 저마다 불편한 진실을 내면에 갖고 있다. 그 사람이 성격이 못돼서, '미친

놈'이라서 분노를 일으키는 것이 아니라 그 사람의 살아온 과정으로 인해 뭔가 심리적인 문제를 갖고 있기 때문이다.

그리고 분노 때문에 뭔가 사건이 벌어졌을 때는 양쪽 모두의 입장을 고루 들여다봐야 한다. 그래야 그 사람이 그럴 수밖에 없었던 이유가 뭔지를 이해할 수 있다. 따라서 분노는 겉으로 드러나는 증상만 보는 것이 아니라 그 안의 진실이 뭔지를 봐야 한다.

한국인에게 유독 흔한 분노조절장애

평소에 욱하는 성격을 갖고 있는 사람들은 차라리 괜찮을지도 모른다. 욱하는 사람은 적어도 겉과 속이 다르지는 않다. 그보다 더 무서운 건 분노를 드러내지 않고 속에 꾹꾹 눌러두고 있는 사람들이다.

전문가들은 최근 우리사회에 흔해지고 있는 분노와 관련된 각종 범죄나 흔히 말하는 '갑질' 논란에 관련된 사건들을 분노의 문제, 그리고 감정과 관련된 장애의 문제로 본다. 어떤 통계에서는 요즘 우리나라 성인들의 2명 중 1명은 화의 감정을 제대로 다루지 못해 사회생활이나 인간관계에서 문제를 겪은 적이 있다고 한다.

스트레스에 대한 반응을 화 혹은 분노로 드러내는 경향은 유독 우리나라에서 두드러진다. '화병'이라는 단어가 의학계에서도 고유명사화 되어 한국인에게만 나타나는 현상으로 인정받은 것처럼, 어쩌면 지금의 한국인들이 누구나 어느 정도는 분노와 관련된 정신적인 문제를 경험하고 있다고 해도 과언이 아닐 것이다.

내면에 쌓인 화를 적당히 조절하지 못하고 어느 순간 한꺼번에 폭발시킴으로 인해 일상생활과 사회생활에서 어려움을 겪는 것을 분노조절장애라고 한다.

굳이 장애라고 부르는 이유는 단순히 화를 내는 현상 때문이 아니라 화가 장기간 쌓여있었던 것으로 인해 지속적으로 문제를 발생시키기 때문이다. 또한 범죄나 가정파탄 등 사회적인 문제로도 이어지기 때문이다.

분노조절장애가 있는 사람들은 내면에 축적된 분노가 제때 해소되지 못하고 있다가 잠재적인 시한폭탄처럼 때를 기다리고 있는 것이라고 할 수 있다.

이때 장기간이라고 하는 것은 성인이 된 이후 사회나 직장에서의 스트레스 상황이 이어진 기간일 수도 있지만, 어린 시절부터 겪었던 특정 사건으로 인한 심리적 외상이 해소되지 않고 있었기 때문일 수도 있다. 어린 시절부터의 문제인 경우에는 뿌리가 더 깊다.

어떤 경우든 분노조절장애의 원인은 깊고 다양하다. 그리고 사람마다 저마다 다른 모습으로 나타난다. 때문에 어떤 사람이 화를 내는 원인이 단지 다혈질적인 성격 때문인지, 감정을 솔직하게 드러내는 자연스러운 모습인지, 아니면 오랜 기간 분노조절장애를 겪고 있었기 때문인지를 판단하는 것은 단순한 문제가 아니다. 분명한 건 분노의 원인을 찾아내고 치유하려는 노력을 하지 않는 한 그 분노는 언젠가 무서운 파괴력을 드러내게 된다는 점이다.

[이거 알아요?]

분노 조절장애의 3가지 특징은?

1. 누적
장기간에 걸쳐 내면에 분노가 쌓인 채 제때 해소되지 못했을 때, 혹은 어린 시절부터 지속된 내면의 어떤 문제가 성인이 되어서까지 지속될 때 분노조절에 문제가 생긴다.

2. 습관
분노를 조절하지 못하는 것은 습관성이 되기 쉽다. 타인에게 언어적 혹은 신체적 공격을 가하며 분노를 폭발시키는 것이 반복되면 뇌에서 분비되는 행복 호르몬인 세로토닌은 감소되는 반면 뇌신경의 흥분반응은 강화되어 약간 자극에도 점차 과도하게 분노를 표출한다.

3. 확산
분노는 학습되고 전염되며 확산되는 속성이 있어서 한 사람의 분노 표출은 그 분노를 받은 상대방 혹운 주변사람들에게 연쇄반응을 일으킨다. 또한 인터넷과 SNS를 통한 소통방식이 보편화된 현대인은 익명의 타인 혹은 불특정 다수에 대한 분노 표출을 쉽게 여기는 경향이 있어 온라인을 통해 분노가 확산되고 재생산되는 경우가 많다.

[개인의 분노]

[1. 분노의 양]

: 시간이 길어질수록 안에서 누적되어 쌓임

[2. 분노의 질]

: 분노가 누적되어 습관이 될수록, 해소되는 데 많은 노력이 필요한 분노장애가 됨

[3. 분노의 전염]

: 장기간의 습관성 분노는 주변 사람들에게 부정적 영향을 끼치며 일파만파로 퍼져나감

[분노사회]

[이거 알아요?]

도로 위의 분노범죄 '로드레이지' 란?

도로 위의 공포가 늘고 있다

고속도로 터널에서 한 운전자가 차에서 나와 욕설을 퍼부으며 상대편 차량을 가로막고 소위 '삼단봉'으로 전면 및 운전석 쪽의 유리창과 보닛을 부수고 도망가는 영상이 대한민국 국민에게 충격을 주었다. 얼마 전 모두를 경악케 한 일명 '제네시스 삼단봉 사건'이다. 상대 차량이 양보를 해주지 않았다는 것이 이유였다.

또 최근 미국에서는 텍사스 주의 한 고속도로에서 20대 여성 운전자가 앞에서 끼어드는 차량에게 경적을 울리자 상대 운전자가 여성에게 총격을 가하는 사건이 벌어져 미국 사회에 충격을 주었다.

이처럼 운전 도중 시비가 붙는 데서 그치지 않고 상대방에게 공포감을 조성하거나, 폭언과 폭력을 휘두르거나, 심지어 생명을 위협하는 행위를 '로드레이지(Road rage)' 즉 보복운전이라고 한다.

보복운전은 차량에서 내려 폭행을 하는 것뿐만 아니라 상대 차량 운전자에게 욕설을 퍼붓거나 일부러 급제동을 하거나 끼어들거나 다른 차선으로 내모는 등의 모든 행위를 포함한다. 이 과정에서 각종 흉기를 동원하기도 하고 미국처럼 총기 소지가 자유로운 나라의 경우 총격을 가하기도 한다.

미국에서 유래, 최근 중국과 한국의 사회문제

'운전 중 도로에서 벌어지는 난폭 행동 혹은 보복운전'을 뜻하는 로드레이지는 1984년 '로스앤젤레스 타임스'에 등장한 용어로서, 1980년대 이후 미국의 로스앤젤레스 고속도로에서 분노로 인한 운전자의 총기사고가 빈발하면서 점차 사회 문제화 되었다.

운전자끼리의 시비뿐만 아니라 심각한 교통사고와 사망사고가 증가하면서 이를 도로교통 문제가 아닌 사회적 정신질환으로 보게 되었다. 이후 미국에서는 로드레이지 관련 사고가 지속적으로 증가하고 로드레이지로 인한 사망사고도 늘어나고 있으며 총기 등을 동원하는 등 무법사회를 방불케 하고 있다.

중국의 경우 최근 경제 발전으로 운전자 숫자가 급격히 증가하여 사상 최악의 극심한 교통체증을 겪고 있는데, 이에 따라 로드레이지로 인해 다른 운전자를 폭행하는 사건이 늘어나 뉴스에 지속적으로 등장하고 있다.

또한 우리나라의 경우 인구의 60퍼센트 이상이 운전면허를 소지한 상태로 이미 극심한 교통체증을 겪고 있어 로드레이지로 인한 사건도 나날이 흉포해지고 있다.

운전자 10명 중 3명 이상이 실제로 경험

통계에 의하면 우리나라 운전자 10명 중 3명 이상은 운전 도중 도로 위에서 다른 차량 운전자로부터 폭언과 욕설을 듣거나 급정거 등 난폭 행동을 경험한 적이 있다고 한다. 또 3분의 2 이상이 다른 운전자들이 서로 시비가 붙어 싸우는 광경을 목격한 적이 있다고 답했고 10명 중 1명은 다른 운전자의 시비를 말려본 적이 있다고 답했다.

또 운전석에만 앉으면 자기도 모르게 분노를 분출하게 되거나, 운전 중 과도하게 경적을 울리거나 남에게 욕설을 하는 등 스스로 분노를 제어하지 못했거나, 직접 보복운전을 해보았다고 답하는 사람들도 늘어나고 있다.

로드레이지 행위에는 다음과 같은 것들이 있다.

- 다른 차량 운전자에게 욕설을 하거나 공격적인 신체표현을 하는 것.
- 경적을 과도하게 울리거나 전조등을 사용해 다른 운전자를 방해하는 것.
- 갑자기 끼어들기를 하는 행위.
- 다른 차량을 바싹 뒤쫓는 등 위협 운전을 하는 행위.
- 갑자기 가속, 정지하거나 다른 차량의 차선 변경을 방해하는 행위.
- 의도적으로 다른 차량과 충돌을 유발하는 행위.
- 차량에서 내려 다른 차량을 파손하는 행위.
- 차량에서 내려 다른 차량 운전자를 흉기로 위협 혹은 공격하는 행위.
- 차량에서 내려 다른 차량의 운전자를 끌어낸 후 폭행을 가하는 것.
- 다른 차량이나 운전자에게 총격을 가하는 것.

'로드레이지'는 분노조절장애의 증상

로드레이지는 운전자끼리의 다툼에 그치지 않고 대형 교통사고를 유발하거나 타인의 생명을 위협하고 빼앗을 수 있는 심각하고 위험한 행위로 사회적인 대처방안이 필요하다.

최근 경찰에 따르면 운전 중 다른 운전자를 위협하는 행위를 할 경우 '폭력행위 등 처벌에 관한 법률' 위반 혐의로 입건할 수 있으며, 로드레이지에 이용한 차량 역시 '폭력행위 등 처벌에 관한 법률' 제3조 1항이 정한 '위험한 물건(흉기)'에 해당한다고 밝힌 바 있다.

이러한 로드레이지는 단순한 도로교통 상의 문제를 넘어 이제는 심리치료를 요하는 사회적 정신질환의 일종으로 보아야 한다는 의견이 주를 이루고 있다. 이는 분노로 인한 '욱하는' 감정을 참지 못하고 사소한 일에도 남과 다투며 폭력을 가하는 사건이 급증하고 있는 한국사회의 정신병리학적 현상과도 무관하지 않다. 의학계의 조사에 따르면 우리나라 성인의 반 이상이 일상생활에서 분노조절을 제대로 하지 못하는 장애를 겪고 있으며, 10명 중 1명은 시급한 치료와 상담을 요하는 고위험군에 속한다고 한다.

마음의 여유가 없는 각박한 사회 풍조, 경쟁을 요구하는 사회구조와 심화되는 양극화 현상, 그로 인한 타인에 대한 분노와 이를 제어하고 치유할 수단을 찾지 못하는 현실이 도로 위의 로드레이지로 나타나고 있다. 급증하는 로드레이지 사건을 줄이기 위해서는 분노조절장애에 대한 사회적인 인식과 치유 노력이 선행되어야 할 것이다.

3

왜 나만
참아야 돼?

사람으로서의 욕구가 충족되고 있는가?

사람은 누구나 자기가 원하는 것을 이루고자 하는 욕구를 가지고 있다. 미국의 심리학자 에이브러햄 매슬로우는 이것을 체계화하여 욕구의 7단계로 정리했는데 이는 다음과 같다.

> 7. 자아실현의 욕구 : 자신을 발견하고 잠재력을 실현하고 싶은 욕구
> 6. 심미적 욕구 : 자연과 예술에서 조화와 미적 감각을 추구하는 욕구
> 5. 인지적 욕구 : 지식에 대한 호기심 및 탐구 욕구
> 4. 자아존중의 욕구 : 자신감과 성취감에 대한 욕구
> 3. 애정과 소속의 욕구 : 타인의 애정 및 단체에 소속되고 싶은 사회적 욕구
> 2. 안전의 욕구 : 위기와 위협, 공포, 무질서로부터의 보호와 안전
> 1. 생리적 욕구 : 식욕, 수면욕, 성욕 등

매슬로우의 욕구 이론에 의하면 하위에 있는 욕구가 먼저 충족되어야 상위의 욕구로 넘어갈 수 있다. 위 7단계 중 '5. 인지적 욕구'와 '6. 심미적 욕구'는 나중에 추가된 부분이라서 이 두 가지를 제외하고 매슬로우의 욕구 5단계설이라고 일컫기도 한다.

당연한 욕구가 충족되지 않는 사회

매슬로우의 욕구 7단계를 차례로 살펴보면 알 수 있듯이 모든 사람은 가장 기본적인 육체의 욕구나 안전의 욕구부터 최상위 단계에 있는 자아실현 욕구까지 단계적으로 추구하고 싶어 하는 게 당연하다. 그리고 1번부터 7번까지 점차 충족시켜 가는 과정에서 행복의 기본 요건도 찾을 수 있게 된다.

어떤 단계의 욕구가 충족되지 않을 경우에는 자신의 노력을 통해 상위 욕구를 성취하려고 애쓰게 되어 있다. 건강하고 살기 좋은 사회라면 개개인이 자신의 욕구를 성취하는 권리를 가질 수 있도록 최소한의 안전망을 마련해줄 수 있어야 할 것이다.

그런데 이러한 매슬로우의 욕구 단계 이론을 지금의 우리 사회에 빗대어본다면 뭔가가 잘못되어가고 있음을 짐작할 수 있다.

우선 사회 양극화가 심해지는 반면 국가의 복지나 사회정책이 이를 뒷받침하지 못하면서 사회 최저 계층의 생리적 욕구나 기본적인 안전의 욕구조차 성취되지 못하는 경우를 볼 수 있다. 비정상적으로 증가하면서도 해결되지 않고 있는 각종 안전사고와 그에 대한 전 국민의 불안감이 이를 뒷받침한다.

또한 무한경쟁의 시스템 속에서 개인이 힘겹게 노력하여 학벌과 스펙을 갖추어도 취업이나 결혼, 출산이 여의치 않은 기형적인 사회가 된 것도 간과할 수 없다. 이는 애정과 소속의 욕구, 혹은 자아존중의 욕구를 오랜 기간 동안 성취하지 못하는 사람들이 점점 많아지고 있다는 뜻이기 때문이다.

왜 나만 억울하고 화가 날까?

결국 사람으로서 누구나 추구하려 하는 자아실현의 욕구를 충족시키지 못하는 사람들이 예전에 비해 훨씬 많아졌다는 뜻이다. 여기에 일부 특권층의 '갑질'의 마인드가 마치 연쇄 폭발을 일으키듯 사회 전반적으로 퍼져 모든 계층에 '분노'를 조장하였다. 그래서 많은 사람들이 다음과 같은 생각을 마음속에 품게 되었다.

"왜 나만 이렇게 억울한 일을 당해야 하지?"

이러한 생각들이 차곡차곡 쌓이고 누적되면서, 그리고 누적된 분노가 해소될 타이밍을 놓치면서 더 이상 일부 개개인의 문제가 아닌 사회 전반의 문제가 되어가고 있다.

원래 감정이라는 것은 나쁜 것이 아니다. 또한 분노라는 것도 사람의 여러 감정 중 생존의 위기를 극복하는 데 있어서 없어서는 안 되는 당연하고도 자연스러운 감정일 뿐이다.

　분노도 스트레스도 모든 사람의 삶의 과정에 있어서 누구나 경험하게 되는 요소다. 오히려 적절한 양의 스트레스와 적당한 방법과 횟수의 분노 표현은 인간의 삶에 있어서 결코 빼놓을 수 없는 요소이다. 잘 다루기만 한다면 개인과 사회의 발전에 큰 도움을 주기도 한다. 약간의 스트레스로 인해 자기 인생에 대한 성취동기가 더 강해질 수 있고, 어느 정도의 분노로 인해 부당하거나 부족했던 부분을 고칠 수 있는 계기가 될 수도 있다. 그러므로 감정이란, 그리고 분노란 무조건 나쁜 것, 비이성적인 것, 억눌러야 하는 것은 아니다. 문제는 분노라는 감정을 어떻게 통제하고 어떻게 활용하느냐 하는 점이다. 잘못된 분노는 인간관계와 사회를 파괴하고 범죄를 일으키기도 하지만, 건강하게 통제된 분노는 문제 해결의 실마리가 될 수 있다.

　따라서 화를 무조건 억누르며 참고 넘어가는 것은 답이 되지 못한다. 감정은 원활하게 순환할 수 있어야 하고, 막힌 곳이 있으면 뚫어야 하며, 어떤 지점에서 왜 분노가 쌓여있는지를 이해해야 한다. 또한 타인으로부터 이해와 공감을 받을 수 있어야 한다. 소통과 공감이 이루어지지 않은 채 방치된 분노는 결국 언젠가는 무서운 파괴력으로 폭발하게 된다.

내 안의 분노를 알아차리고 인정하기

　사람은 누구나 타인에게 인정과 이해를 받고 싶고 사랑받고 싶은 욕구가 있다. 그러나 소통의 통로가 막히면 내면에 스트레스와 분노가 쌓인다.

따라서 감정을 다스림에 있어서 중요한 것은 내면에 화의 감정이 어느 정도 이상 누적되지 않도록 그때그때 해소하는 방법을 아는 것이다. 가족이나 주변 사람과 소통하여 그때그때 풀어낼 수 있어야 하고, 폭력적인 언어나 행동이 아닌 대화 과정을 통해 해결할 수 있어야 한다. 무엇보다 나의 내면에 어떤 분노가 왜 쌓여있는지를 스스로 알아차릴 수 있어야 하며, 타인의 분노에 담긴 진실이 무엇인지에 대해서도 들여다볼 수 있고 귀 기울일 수 있어야 할 것이다.

따라서 분노를 조절하고 다스리는 데 있어서는 최소한 다음과 같은 5가지 요소가 동반되어야 한다.

| 1. 인정 | 2. 타이밍 | 3. 해소 | 4. 표현 | 5. 소통 |

1. 인정

'내가 이러이러한 문제로 화가 나 있다.'는 것을 알아차리는 것이다. 분노의 감정을 무조건 나쁜 것으로 여기거나 숨기려 하지 말고 자신의 내면의 목소리에 스스로 귀를 기울이는 것이다.

2. 타이밍

마음속에 쌓인 분노가 장기간 해소되지 못한 채 방치되면 병이 되어 자신을 해치거나 타인을 해친다. 따라서 분노를 표현하고 해결하기까지 너무 오랜 시간을 끌어서는 안 된다.

3. 해소

분노, 화, 울분, 슬픔, 억울함, 두려움, 공포 등의 부정적 감정은 반드시 해소의 과정을 거쳐야 한다. 그렇지 않을 경우 내면의 트라우마로 남아 언젠가 반드시 문제를 일으킨다.

4. 표현

부정적인 감정을 감추고 억누르는 것은 마음의 병을 키운다. 폭력적인 언어나 행동으로 표출되지 않도록 적절한 언어 표현법을 찾고 익히는 것이 중요하다.

5. 소통

분노를 표현하고 해결하는 과정에서 가장 중요한 것은 결국 타인과의 소통이다. 나의 분노를 표현하는 것도 중요하고, 타인의 분노를 이해하는 것도 중요하다. 이 과정에서 진심이 전달되고 신뢰가 형성될 때 건강한 인간관계와 사회생활을 만들어갈 수 있다.

아하! 그렇구나

분노 제어 실패, '화풀이'의 9가지 유형

누구나 살면서 화를 낼 수 있지만, 화를 억지로 억누르는 것도, 그렇다고 '욱하는' 성질을 있는 그대로 터뜨리는 것도 모두 바람직한 방법은 아니다. 성숙하고 행복한 삶을 살기 위해서는 화를 억누르지 않되 효과적으로 다스리는 사람이 되어야 한다.

나는 화를 잘 제어하고 '표현'하는 사람일까, 아니면 일상생활에서 습관적으로 '화풀이'를 하며 사는 '분노로 가득 찬' 사람일까? 자신이 다음 항목들에 해당된다면 그것은 화를 적절하게 표현하는 것이 아니라 소모적인 화풀이를 습관적으로 하고 있는 것이다.

1. 남을 비난하고 공격하는 말을 자주 하는가?

: 조금이라도 거슬리거나 문제가 있다고 느낄 때 무조건 다른 사람을 탓하거나 야단치는 말과 행동을 하는 것이다.

다른 사람이 일부러, 혹은 악의를 가지고 나에게 해를 끼치는 행동을 했다고 여기기 때문에 그것을 타인에 대한 공격으로 해소하려 한다. 그러나 공격적 말과 행동으로 비난하는 것은 근본적인 문제 해결에 도움이 되지 못하며 인간관계에 지속적인 문제를 발생시킨다.

2. 엉뚱한 대상에게 화풀이를 하는가?
: 일터에서 받은 스트레스를 가족에게 푸는 것처럼 화를 유발한 당사자나 현장에서 표현하지 못하고 엉뚱한 대상에게 해소하는 경우가 많다.

'종로에서 뺨 맞고 한강에서 눈 흘긴다' 라는 속담처럼, 화풀이를 일삼는 대부분의 사람들이 이에 해당된다. 상관없는 사람들에게 화를 분출하는 것은 분노의 책임을 무고한 사람들에게 전가하는 최악의 방법이다.

3. 화를 내는 목적이 상대방에게 보복하기 위해서인가?
: 분노를 적절한 타이밍에 적절한 방식으로 표현하면 갈등을 해결하고 자신의 마음에 상처를 남기지 않는 건강한 해결책을 찾을 수 있다. 그러나 오로지 상대방에게 보복하기 위해서, 내가 당한 만큼 앙갚음하기 위한 목적으로 화를 낸다면 그것은 상대방에게 새로운 모멸감과 보복 심리를 유발할 뿐이다. 새로이 생성된 모욕감은 다시 부메랑처럼 나 자신에게 되돌아온다.

4. 항상 모욕감을 느끼는가?
: 화를 잘 제어하지 못하는 것은 평소 항상 '내가 피해자다.' 혹은 '내가 당하고 있다.' '나만 억울하다.' 라는 모욕감과 피해의식을 품고 있기 때문이다. 이러한 모욕감에 집착하는 것은 자존감을 지속적으로 하락시켜 더 큰 분노 폭발의 원인이 된다.

5. 나보다 약한 사람에게 화내는가?

: 폭발하는 분노감정을 주체하지 못하는 사람들의 대부분이 자기보다 약한 사람, 혹은 사회적으로 자기보다 아래쪽에 있는 사람에게 분노를 폭발한다. 자신의 분노를 약자에게 대신 내면의 불안감과 스트레스를 회피하려 하기 때문이다.

흔히 말하는 '갑질'이 이에 해당되는데, 사회적으로 우월적 위치에 있는 사람들이 이른바 피지배계층에 있다고 여겨지는 사람들에게 분풀이를 하는 유형이다. 이러한 방식으로 화풀이를 당한 사람들은 자신의 화를 풀어줄 또 다른 약자를 찾아 해소하려 든다.

6. 타인에게 죄책감을 강요하는 말을 하는가?

: 일방적인 화풀이를 일삼는 사람들은 '상대방이 잘못했다'라는 논리로 무장하여 자신의 분노 폭발을 정당화시킨다.

'당신이 잘못해서 이렇게 되었다.' '당신이 무능력하기 때문에 이런 나쁜 결과를 초래했다.' '당신이 나쁜 사람이기 때문에 내가 화를 낼 수밖에 없다.' '당신이라는 사람 자체가 문제다.' 와 같이 모든 책임을 상대방에게 뒤집어씌우고 죄책감을 유발하며 '나의 판단력만 옳다.' 는 신념을 강요한다.

상대방이 반론을 제기하거나 자기 의견을 이야기하는 것조차 용납하지 않고 전혀 귀를 기울이지 않는 불통의 대표적인 유형이다.

7. 주변 분위기를 경직되게 만드는가?

: 화풀이를 일삼는 사람의 주변 분위기는 항상 경직되어 있고 무겁게 가라앉아 있다. 일시적으로 화풀이를 피하기 위해 윗사람의 눈치를 보거나 자기 의견을 말하지 않는 횟수가 늘어나기 때문에, 겉으로는 문제가 없는 것처럼 보이더라도 내적

으로는 불화가 누적된다. 대화하지 않는 가정, 소통하지 않는 직장 등 우리 주변에서 흔히 볼 수 있는 집단의 모습으로, 이러한 집단은 내부적인 문제가 쌓여 언젠가는 큰 갈등을 일으키게 된다.

8. 나는 잘못이 전혀 없다고 믿는가?

: 분노를 일방적으로 폭발하는 습관이 있는 사람은 스스로를 결백하며 완벽하다고 강하게 믿는 경우가 많다.

내면에 피해의식이나 콤플렉스가 누적되어 그로 인한 상처를 스스로 대면하고 싶지 않을뿐더러 타인에게도 들키고 싶지 않기 때문에 더더욱 스스로를 완벽의 가면으로 무장한다. 타인이 자신의 잘못을 지적하는 것을 견디지 못하며, 타인의 존재 가치나 의견은 철저히 무시하고, 듣더라도 머릿속에서 지워버리는 유형이다.

9. 타인에게 시기심을 강하게 느끼는가?

: 폭발적인 화풀이를 자주 하는 사람들은 스스로에 대한 강한 열등감과 타인에 대한 시기심을 가지고 있는 경우가 많다.

나보다 우월한 능력을 갖고 있는 사람, 나보다 인간관계가 부드럽고 유연한 사람, 나보다 행복해 보이거나 원만해 보이는 사람의 존재 자체를 견디지 못한다.

이는 자존감이 부족하여 나 자신의 가치를 오로지 타인에 의해서만 규정짓는 습관을 가지고 있기 때문이다. 일부러 갈등을 조장하거나 파벌을 나누는 등 불균형하고 불안전한 상태를 만들어야만 안심하기도 한다.

[이거 알아요?]

분노를 다스릴 수 없을 때는 이렇게 하기

화가 나는 순간에는?

- 숨을 크게 마시고 내쉬는 심호흡을 몇 초 동안 한다
- 언어적, 신체적 행위를 30초 동안만 멈춘다.
- 지금 감정이 화, 서운함, 억울함, 불안함 중 어느 것인지 스스로 묻는다.
- 마치 제3자가 된 것처럼 현재의 상황을 객관적으로 바라본다.
- 분노 후 돌아오는 불이익을 스스로 감당할 수 있는지 반문해본다.

분노조절장애를 평소에 예방하려면?

- 분노를 유발하거나 스트레스가 쌓였을 때 친구나 동료, 가족 등 믿을 만한 주변 사람에게 나의 감정을 이야기함으로써 내면에 담아두지 않고 어느 정도 해소시킨다.
- 나는 분노를 다스릴 수 있는 사람이라고 스스로에게 알린다.
- 분노만으로 당장 해결할 수 없는 문제라면 좀 더 긍정적으로 생각하는 습관을 들인다.
- 적절한 운동과 규칙적인 생활습관 및 적당한 수면 시간을 유지하여 신체적 피로와 스트레스가 과적되지 않도록 한다.

[이거 알아요?]

분노와 관련된 대표적인 장애는?
: 충동조절장애 & 성격장애

〈충동조절장애〉

- 충동조절장애란?

충동조절장애(impulse control disorders)는 비정상적으로 강한 본능적 욕구 때문에 스스로 충동을 조절하지 못하는 정신장애의 일종이다.

최근 건강보험심사평가원에서 2010~2015년까지 우리나라 성인의 인격 및 행동장애를 분석한 통계에 의하면 성별로는 여성보다 남성이, 연령대는 10~30대가 많으며 그중 20대 남성에게 많이 나타난 것으로 드러났다.

특징으로는 자신이나 타인에게 해를 가하는 행동을 반복하고, 충동을 스스로 억제하지 못하며, 충동적 행동을 하기 직전에 고도로 긴장했다가 행동 후 일시적인 쾌감을 느낀다. 좁은 범위와 넓은 범위의 여러 가지 종류가 있지만 대개 다음과 같은 것들이 충동조절장애의 범위에 해당된다.

- 간헐적 폭발장애

스트레스와 분노가 누적되었다가 어느 순간 특정 사건을 계기로 분노를 파괴적으로 폭발시킨다. 신체폭력, 언어폭력, 기물파손 등의 문제행동을 한다. 파괴적 행동을 하는 순간에는 쾌감을 느끼지만 뒤늦게 후회하는 경우가 많다. 일정하지 않지만 주기를 두고 반복되며, 행동으로 인해 법적 처벌, 범죄, 재산상 손해, 인간관계 문제 등을 일으킨다. 스스로 고치지 못하므로 치료가 반드시 필요하다.

- 도박중독
도박 충동을 억제하지 못한다. 도박으로 인해 실직, 파산, 이혼, 심각한 범죄로 이어진다.

- 절도광
남의 물건을 충동적으로 훔치되, 그 물건을 사용하거나 이익을 얻으려는 목적이 아니라 훔치는 행위 자체에서 쾌감을 느낀다.

- 방화광
복수하기 위해서가 아니라 방화하고 불을 지켜보는 행위 자체에서 쾌감을 느낀다.

- 발모광
충동적으로 머리카락을 뽑으며 뽑을 때 통증보다 쾌감을 느낀다. 남성보다 여성, 성인보다 아동에게 많이 나타난다.

- 각종 중독증
알코올 중독, 약물 중독, 인터넷 중독, 쇼핑 중독, 섹스 중독, 자해, 폭식 등이 있다.

- 인격장애 및 정신건강의 문제

자기애성 인격장애, 경계성 인격장애, 반사회적 인격장애, 조울증, ADHA(주의력결핍과잉행동장애), 정신지체 등으로 인한 각종 충동적 행동이 포함된다.

- 충동조절장애의 원인은?

1. 뇌질환
: 전두엽(충동, 감정을 조절하고 계획, 문제해결, 추상적 사고 등을 담당하는 부위)이 발달되지 못했거나 손상된 경우.
2. 유전적 요인
3. 환경적 요인
: 성장 및 양육 환경에 문제가 있었을 경우, 3세까지 부모와 안정적 애착 관계가 형성되지 못했을 경우, 학대나 충격적 사건 등을 겪었을 경우.
4. 호르몬 분비 이상
: 테스토스테론 호르몬이 과다 분비되거나 세로토닌이 제대로 분비되지 못하여 공격성이 증가한 경우.

- 충동조절장애의 치료는 어떻게?

정신치료(상담, 인지행동치료, 행동치료 등)와 약물치료를 병행하며, 간질이나 뇌질환 여부를 판단하기 위해서는 뇌파 검사를 수행한다.

(이상 내용 참조 : 네이버 두산백과, 서울대학교병원 의학정보)

[충동조절장애 자가진단 체크리스트]

1. 화를 쉽게 내고 금방 낸다. (   )
2. 화가 났을 때 어떻게 해야 할지 모르겠고 조절하기 어렵다. (   )
3. 잘한 일을 칭찬, 보상받지 못하면 화가 난다. (   )
4. 타인의 잘못을 반드시 지적하며 이로 인해 인간관계에 문제를 겪는다. (   )
5. 화가 나면 타인에게 폭언과 폭력을 가한다. (   )
6. 잘못에 대한 책임을 타인의 탓이라고 생각한다. (   )
7. 화가 나면 물건을 집어던진다. (   )
8. 타인이 나를 무시한다고 느끼거나 억울할 때가 자주 있다. (   )
9. 분노를 조절하지 못해 문제가 생긴 적이 있다. (   )
10. 문제가 잘 안 풀릴 때 해결보다 포기하는 편이다. (   )
11. 분노를 주체하지 못해 울 때가 있다. (   )
12. 온라인 게임이나 SNS 등으로 인해 분노를 느낀 적이 많다. (   )

4~8개 : 충동조절에 약간 어려움을 겪음
9~12개 : 충동조절에 큰 어려움을 겪으므로 전문의와 상담 및 치료가 필요

- 참조 : 삼성서울병원 정신건강의학과

〈성격장애〉

- 성격장애란?

성격장애(personality disorders)는 성장기부터 서서히 발전해 성인기에 굳어진 특정적인 성격 특성으로 인해 대인관계나 사회생활에 부적응을 초래하는 경우를 뜻한다. 원래 성격이라는 것은 본성과 사회의 상호작용에 의한 것이나, 아동기에 폭력, 왕따, 게임중독 등을 경험했거나 ADHD(주의력결핍·과잉행동장애)를 겪은 경우에도 성격장애가 나타날 수 있다.

미국 정신의학회에서는 '편향적이고, 융통성이 부족한 성격으로 인해 사회적응을 잘 못하고, 청소년기나 성인기 초반에 발생해 시간이 지나도 개선되지 않으며, 개인이나 주변에 해를 끼치는 행동을 하는 것'이라 정의한 바 있다. 세계보건기구(WHO)는 전 세계 인구의 7% 이상이 앓는 흔한 질환으로 평범한 일반인들도 환경과 상황에 따라 성격장애가 유발되어 폭력, 흉악 범죄, 자살로 이어질 수 있다고 하였다.

성격장애가 있는 사람의 경우 감정의 기복이 극단적이고, 은둔형 외톨이가 많으며, 불안감이 심하거나 타인에게 무책임한 경향을 드러내기도 한다.

- 성격장애의 종류에는 이런 것들이 있다

성격장애의 종류에는 여러 가지가 있는데 그중 미국 정신의학회의 '정신장애 진단 및 통계 편람(Diagnostic and Statistically Manual of Mental Disorder:DSM)-5(2013년)'에서 분류한 성격장애를 소개하면 대략 다음과 같은 것들이 있다.

1. A군 성격
: 기이하고 괴상한 행동을 하며 사회적으로 고립되고 동떨어져 지냄.

편집성 성격장애
: 상대방의 신의, 정절에 대한 의심과 불신이 매우 강함. 다른 사람들의 의도를 악의적, 적대적인 것으로 해석하여 부당하게 거절, 무시, 비난, 이용을 당하고 피해를 입었다는 인지적 왜곡을 보임. 원한이 맺혔다고 여기면 오랫동안 앙심을 품고 있다가 보복, 반격, 화를 냄.

분열성 성격장애
: 친밀한 관계나 집단에 소속되는 것에 무관심하거나 기피함. 정서적으로 냉담, 무관심, 둔감한 감정 반응을 보임. 사회적으로 고립되고 동떨어져 지냄.

분열형 성격장애
: 기괴한 믿음, 신념, 마술적 사고(예:텔레파시, 육감 등)에 집착하며 그 영향을 받아 독특한 행동을 보임. 신체적 착각이나 독특한 지각적 경험을 보이기도 함. 행동뿐만 아니라 외양도 괴이하고 엉뚱함. 친밀한 관계를 맺기 어려움.

2. B군 성격
: 정서적으로 매우 극적이며 불안정하고 변덕스러움.

반사회성 성격장애

: 사회의 관습, 도덕규범, 행동규칙, 타인의 권리와 안전을 무시함. 거짓말, 사기, 무책임한 행동, 공격적이고 폭력적인 행동, 위법 또는 범법 행위 등을 보이지만 죄책감이나 후회를 느끼지 않음.

경계선 성격장애
: 유기에 대한 불안이 심함. 대인 지각이 불안정하고 양가적임. 자기상도 불안정하고 정체감의 혼란을 경험. 정서가 매우 불안정하며 충동적임. 분노 조절이 어려움.

연극성 성격장애
: 타인으로부터 관심과 주목을 받고자 과장된 언어와 행동 표현을 하며 외모에 지나치게 신경을 씀. 극적인 감정 표현을 함.

자기애성 성격장애
: 자신의 가치, 중요성을 과장되게 지각하며 성공, 권력, 우월함 등에 집착함. 자신을 특권층이라 여기며 과도한 찬사, 특별대우, 복종을 요구함. 오만하고 거만한 태도를 갖고 있음.

3. C군 성격
: 불안 수준이 높고 두려움이 많음.

회피성 성격장애
: 부정적 평판에 대한 두려움이 심하며 매우 예민함. 사회적 상황에서 부적절감이

심해 대인관계를 회피하며, 자신의 감정을 억제하고 잘 드러내지 않음.

강박성 성격장애
: 질서, 정리정돈, 완벽주의, 자기통제에 지나치게 집착함. 꼼꼼하고 융통성이 부족하며 완고함. 사소한 것에 집착하고 인색함.

의존성 성격장애
: 다른 사람들로부터 보호받고자 하는 욕구가 과도하며 이를 위해 자신을 낮추며 지나치게 순종적, 복종적, 비굴하게 행동함.

(출처 : 한국심리학회(www.koreanpsychology.or.kr) 심리학용어사전(2014.4))

4

이 시대 분노범죄의
유형을 알아보자

그들은 왜 악마가 되었나?

'내 속엔 내가 너무나 많아.'
이런 가사로 시작되는 노래가 있다. 가끔씩 머릿속에 맴도는 구절이다.
우리는 흔히 '미친 사람'이라는 표현을 하지만, 사람은 누구나 괴물 한 마리씩을 키우고 산다. 다만 안 들키기 위해 감추고 안간힘 쓰고 살 뿐이다. 가장 편안한 사람에게 드러내기도 한다.
'미쳤다'는 것은 무엇일까? 내 안의 괴물은 나만 알고 있는 것이기도 하고, 다른 사람은 아는데 정작 내가 모르는 부분도 있다. 분명한 것은 누구나 다른 누구를 손가락질할 수만은 없다는 점이다.
그럼에도 불구하고 요즘 우리 사회에는 내면에 무서운 괴물을 키운 채 살아가는 사람들이 너무나도 많다. 살인 후 시신을 무참히 훼손해 유기하는 토막살인 사건, 전혀 알지 못하는 사람들에게 폭력을 휘두르거나 살인을 저지르는 소위 '묻지 마' 범죄, 군대에서의 각종 폭력사건, 부모 혹은 보육시설 종사자에 의해 저질러지는 아동학대사건, 폭력성의 정도가 성인 못지않은 학교폭력과 청소년범죄, 범죄 전과가 없던 평범한 사람이 하루아침에 범죄자로 돌변하는 각종 사건들….

최근 들어 급증하고 있는 위와 같은 사건사고들에는 공통된 키워드가 있다. 바로 내면의 분노를 주체하지 못해 극단적인 방법으로 표출하는 분노범죄라는 점이다.

예전에는 끔찍한 범죄나 폭력사건의 원인을 범죄자 개개인의 비정상적 성향이나 가정환경, 정신장애, 혹은 일탈에서 찾는 경우가 많았다.

그러나 최근 우리나라에서 벌어지고 있는 여러 가지 범죄들의 경우에는 개인보다는 사회에서 그 원인을 찾는 경우가 점점 많아지고 있다. 즉 일부 개인의 탓이라기보다는 왜곡된 사회 구조에서 비롯된 사회병리현상이라고 진단하는 것이다.

전문가들이 공통적으로 지적하는 사회적 원인 중 가장 주목받고 이는 것으로는 심화되는 사회 양극화현상으로 인한 상대적 박탈감을 들 수 있다. 양극화로 인한 소득불균형 현상, 그에 따른 '갑의 횡포'로 인한 분노와 보복심리, 경쟁과 속도만을 최우선으로 두는 가치관의 팽배, 인간성 말살과 소외의 원인이 되는 가상현실과 인터넷 환경 등이 분노범죄 양산에 기여하고 있다.

소통 창구가 없는 사회

최근 우리 사회의 분노범죄나 크고 작은 우발범죄의 이면에는 소통의 통로와 창구가 꽉 막혀 있는 사회구조가 자리하고 있다. 범죄자 개인의 은둔 성향 혹은 내성적인 성격도 어느 정도 작용하겠지만 그보다는 사회 전반적으로 상호간에 소통하지 않고 타인을 이해하지 않으며 자신과 다른 집단을 폄훼하는 가치관이 극도로 만연해 있기 때문이다.

실제로 분노범죄를 저지르는 가해자들 중에는 평소에 조용하고 얌전하거나 눈에 띄지 않던 사람들, 혹은 직장에서나 사회에서 '평범' 하다는 평판을 듣고 있던 사람들이 적지 않다.

그러나 겉으로는 폭력적이지 않다 하더라도 그들의 내면에는 오랜 기간에 걸쳐 분노가 쌓여왔을 가능성이 높다. 그리고 그들의 내면에 분노가 누적되기까지는 타인과의 소통 부재, 혹은 대화하고 해소할 창구 자체가 애초에 막혀있는 환경이 큰 역할을 했을 것이다.

개인이 자신의 분노를 조절하는 방법을 스스로 찾는다는 것은 사실상 아주 어렵거나 거의 불가능한 경우가 많다. 경우에 따라서는 분노를 조절하는 방법을 찾아야 한다는 사실조차 인지하지 못한 채 자기도 모르게 마음속에 시한폭탄을 만들어두기도 하기 때문이다.

피해자가 가해자가 되는 악순환 구조

　소통이 막힌 사회에서는 힘의 논리, 즉 강자는 약자를 짓밟아도 되며 약자의 목소리는 묵살해도 된다는 논리가 지배하고 있다.
　무시되고 묵살된 약자의 분노는 개개인에게 다양한 형태로 쌓여 있다가 잘못된 방식으로 표출되는데, 이것이 분노범죄나 우발범죄, 강력범죄 증가로 이어진다. 강자가 약자를 존중하지 않은 것처럼 약자는 또 다른 약자를 찾아 자신의 존재를 증명하려 하는 것이다.
　더구나 다문화가정과 외국인이 증가하면서 같은 공동체에 속하면서도 서로를 낯선 시선으로 바라보게 되는 다변화사회가 되어 사회 전 계층이 가치관의 혼란을 겪고 있는 것도 또 하나의 원인이 될 수 있다.
　이러한 사회 구조 안에서 가장 치명적인 것은 짓밟혔던 약자들이 가해자가 되는 악순환이 이어지고 있다는 점이다. 학교폭력의 피해자가 보복을 위해 가해자가 되는 것, 군대폭력의 피해자가 평소 극도의 분노와 복수심을 키워오다가 총기난사 등 극단적인 범죄를 저지르는 가해자가 되는 것, 아동학대의 피해자가 부모가 되었을 때 다시 아동학대 가해자가 되는 것 등이 그 대표적인 예다.
　약자의 내면에 누적된 모욕감, 모멸감, 열등감, 수치심, 자괴감 등이 또 다른 약자, 불특정다수, 혹은 전혀 상관없는 사람들을 표적 삼아 범죄라는 형태로 발산된다. 실제로 다수의 범죄심리 연구 결과에 의하면 복역 중인 범죄자의 범행 동기의 대부분을 차지하는 것이 바로 타인에 의한 모욕으로 인해 생긴 복수심과 적개심이었다고 한다.

평범했던 한 인간이 악마로 변하기까지는 긴 시간이 걸리지 않는다. 악마는 외부에서 온 것이 아니라 그 사회에서 길러내는 것일 수 있다. 결국 소통의 통로가 막힌 사회는 곧 폭력이 만연한 사회를 의미한다.

대표적인 분노범죄 유형

⇨ 타인을 살상하는 대부분의 범죄에는 분노의 감정이 내재되어 있는 것이 사실이다. 그러나 최근 들어 우리 사회에서 급증하고 있는 다양한 형태의 범죄들을 살펴보면 잔혹성과 엽기성, 그리고 예측불가능성이 예전보다 더욱 강해지고 있다는 공통점이 있다.

또한 가해자들이 갖고 있던 분노와 절망감이 단지 그 사람 개인의 문제가 아니라 사회 전반의 상황과 밀접하게 연관되어 있다는 점에서 일부의 일탈로만 보기 어렵다. 해마다 강력범죄가 증가하고 있는 추세에 있지만, 그중에서도 사회와 타인에 대한 극심한 분노를 매개로 하는 분노범죄들의 유형에는 다음과 같은 것들이 있다.

1. 엽기적인 시신훼손 범죄와 극단적인 충동범죄

사회적 공포와 편견을 가중시킨 중국동포 범죄
2012년, 중국동포 오원춘이 여성을 납치하고 살해한 후 시신을 훼손함.
2014년, 중국동포 박춘봉이 동거녀 살해 후 시신 훼손하여 비닐봉지에 유기함.
2015년, 중국동포 김하일이 아내 살해한 후 시신 훼손 시화방조제에 유기함.

위 사건들은 최근 우리 사회를 떠들썩하게 한 대표적인 살인 및 시신훼손 사건들이다. 범죄자들이 중국동포 출신이었다는 점, 시신을 엽기적으로 훼손하고 유기했다는 점, 범죄의 잔혹성과 엽기성이 일반인의 상식을 뛰어넘는다는 점, 범죄가 일어난 지역이 소외 계층이 거주하는 도시 변두리의 슬럼지역이거나 범죄 우발지역 혹은 치안 관리가 소홀한 지역이었다는 점, 그리고 피해자들이 여성들이었다는 점에서 유사성이 있어 화제가 되었다.

또한 가해자가 중국동포였다는 사실은 우리 사회의 외국인 불법체류자 관리 시스템에 허점이 많음을 드러냄과 동시에 외국인에 대한 우리나라 사람들의 무조건적인 편견이나 부당한 차별의식을 더더욱 자극했다는 점에서 우려를 자아낸 바 있다.

그러나 분노라는 키워드와 관련해 이 사건들에서 좀 더 주목해야 할 부분은 이들이 중국동포 출신이라거나 불법체류자라는 점보다는 각 사건들의 잔혹성, 충동성, 엽기성에서 찾아야 할 것이다.

또한 위 세 사건은 엽기성이라는 측면 외에도 각각 조금씩 다른 특징을 지니고 있다.

먼저 오원춘 사건이 시신훼손 방법에 있어 상상을 초월할 정도로 끔찍해 중국인 장기밀매나 인육캡슐 등에 관한 괴담과 공포를 자아내는 등 엽기적인 성격이 다분했다면, 박춘봉 사건과 김하일 사건은 피해자가 그들과 가장 가까웠던 동거녀나 아내였다는 점에서, 그리고 범죄 동기 자체가 소유욕이나 충동적 분노였다는 점에서 분노범죄의 성격이 더 강했다고 할 수 있다.

박춘봉 사건의 경우 동거녀의 변심이 가장 큰 범죄 동기가 되었으나 살해를 하고 훼손한 시신을 주거지와 월세방 등에 유기하는 과정이 대단히 주도면밀하고 계획적이었다는 특징이 있다. 여성에 대한 비정상적인 소유욕을 살해와 시신훼손으로 해소하려 했으며 자신의 범죄에 대한 죄책감이나 감정의 동요가 거의 없었다는 것도 특징이다.

반면 김하일 사건의 경우 평소 내성적이고 조용하며 심지어 성실하다는 평을 받기도 했던 가해자가 장기간 도박중독 상태에서 아내의 금전 독촉 때문에 홧김에 범죄를 저질렀다는 점에서 앞의 두 사건과 비슷하면서도 다른 특징을 가지고 있다. 충동조절장애로 인한 범죄일 수 있으나 살해와 시신훼손 및 유기 과정의 엽기성과 주도면밀함도 동시에 엿볼 수 있기 때문이다.

위와 같이 시신을 훼손하고 유기하는 범죄는 최근 몇몇 사건에서 중국동포 가해자라는 특징이 두드러진 것일 뿐, 내국인에 의한 살해, 시신 훼손 및 유기 사건도 근래에 증가하고 있다. 이러한 사건들의 경우 살해나 시신 훼손 자체에서 쾌감을 느끼는 사이코패스 범죄와는 구분된다. 전문가의 일반적인 견해에 따르면 이들이 시신을 훼손하는 목적은 훼손하는 행위 자체에 있는 것이 아니라 살해한 시신을 쉽게 운반 및 유기하기 위해서이다. 또한 피해자의 신원을 파악하기 어렵도록 하기 위해 더욱 엽기적인 훼손 방법들을 동원하기도 한다.

격앙된 분노가 충동적 살인, 방화, 폭력으로

중국동포에 의해 저질러진 위의 사건들 말고도 분노를 조절하지 못해 충동적으로 저지르는 폭력, 폭행, 방화, 살인사건이 눈에 띄게 빈번해지고 있다.

직접적인 살해가 아니더라도 분노를 표출하는 가장 극단적인 범죄 형태가 바로 방화다. 얼마 전 마트 임대차 계약 문제로 말다툼을 벌이던 50대 여성 김모 씨가 경기도의 한 마트에 불을 지르고 스스로 목숨을 끊은 사건이라든지, 부산의 한 60대 남성이 외국인 신부의 입국이 취소된 데 대해 앙심을 품고 홧김에 결혼정보업체 건물에 불을 질러 1명을 숨지게 한 사건 등이 그 예다.

이처럼 중국동포가 아닌 우리나라 국민들이 저지른 크고 작은 사건들은 가해자가 우리 주변의 평범한 시민들이었다는 점에서 중국동포 범죄자들에 의한 엽기적 시신훼손 범죄보다 오히려 더 그 뿌리가 깊고도 넓다고 할 수 있다.

'홧김에' + '앙심을 품고'
폭력, 방화, 살인, 혹은 자살로도 이어지는 이들 범죄의 바탕에 공통적으로 자리한 요소가 바로 분노다. 그래서 이러한 범죄들이 저질러지는 과정을 묘사할 때 '홧김에'라는 표현이 빠지지 않는 것을 발견할 수 있다. 이러한 분노범죄들은 가해자들의 내면에 손상된 자존심, 자괴감, 열등감 등의 감정들이 장기간 쌓여왔다는 특징이 있다. 해소되지 못한 분노를 지속적으로 '참고' 살아왔던 것이다. 내면에 축적된 이러한 감정들이 어떤 특정 사건을 계기로 폭발하는데 그런 사람들은 이미 충동조절장애를 겪고 있었을 가능성도 높다. 그래서 분노범죄는 대체로 다음과 같은 과정을 거쳐 발현된다고 할 수 있다.

> (자존감 손상 + 장기간 누적 + 충동조절장애 + 개인적, 사회적 환경요소)
> × 내면의 방아쇠를 당기게 하는 결정적 사건
> = 분노범죄

이러한 분노범죄에서 중요한 또 하나의 요소가 바로 '앙심' 즉 복수심이다. 자존심을 건드리거나 정신적 피해를 입힌 상대방 혹은 원인 제공자에게 직접적으로 복수심을 되갚아주는 경우도 있지만, 주변 사람들 중 자신보다 약자(가족, 아내, 아동, 여성 등)를 골라 폭발시키는 경우도 있다. 어떠한 경우든 점점 더 파괴적인 폭력범죄 혹은 극단적인 살인사건으로 이어지고 있다는 점에서 개인의 문제로만 치부할 수 없을 것이다.

2. 우리 옆의 시한폭탄, '묻지 마' 범죄

아무 관계없는 사람들을 해치다

> # 50대 남성 전모 씨가 인력공사 사무실에 일자리를 구하러 온 사람들에게 흉기를 휘둘러 2명이 그 자리에서 숨지고 1명이 중상을 입었다. 전모 씨와 피해자 3명 사

이에는 원한 관계가 전혀 없었다.

50대 남성 박모 씨가 술에 취한 상태에서 40cm 길이의 흉기를 마구 휘두르며 문구점, 약국 등에서 시민들을 위협했다. 경찰 조사에 따르면 박씨는 평소 사람들이 자신을 무시한다는 피해의식을 갖고 흉기를 소지하고 다녔다.

2004년에서 2006년까지 서울의 서남부 지역에서 초등학생과 여성 등 13명을 살해한 연쇄살인범 정남규는 자신의 범죄 행위에 대한 후회가 전혀 없었으며 '부자를 더 죽이지 못해 안타깝다'고 진술했다. 그는 수감생활 도중 2009년에 자살했다.

2007년 미국에 거주하는 재미교포 대학생 조승희가 버지니아 공대 교내에서 총기를 난사하여 32명을 살해하고 범행 후 자살했다.

2008년 서울 논현동의 한 고시원에 장기간 거주하던 정상진이 고시원에 화재를 일으킨 후 연기를 피해 뛰어나온 사람들을 미리 준비한 흉기로 공격해 6명을 살해했다. 범인은 체포된 후 사형을 선고받았다.

위의 사건들은 범행의 방법이나 정도는 각각 다르지만 자신과 아무런 관계가 없는 불특정 다수의 사람들을 해쳤다는 공통점을 갖고 있다. 또한 살해한 숫자나 규모, 기간, 동기는 다르지만 사람을 죽이겠다는 계획을 평소에 세워두거나 언젠가 살인을 할 것을 염두에 둔 다음 그 계획에 따라 범죄를 저질렀다는 공통점도 가지고 있다.

예측할 수 없어 더욱 위험하다

이처럼 자신과 특정 관계가 없는 타인들을 해치는 이른바 '묻지 마' 범죄는 피해자들이 그 범죄에 대응하거나 미처 예측할 수 없었다는 점에서 더더욱 사회적인 공포를 불러일으킨다.

정남규 사건의 경우 길거리를 가다가 무작위로 피해자를 찌르고 도망가기도 하고 대문이 열려 있는 가정집에 침입하기도 하는 등 충동성과 계획성을 모두 가지고 있으며 범죄 후 죄책감이 없는 사이코패스의 전형이라는 점에서 범죄의 여러 가지 특성을 복합적으로 가지고 있었다.

이와 같은 묻지 마 범죄들도 결국 그 바탕을 이루는 것은 축적된 분노의 감정이다. 평소 흉기를 갖고 다니다가 모르는 사람에게 휘두르는 범죄자들은 사회에 대한 강한 불만이나 자신의 삶에 대한 열등감 혹은 트라우마가 오랜 기간 쌓여왔던 경우가 많다. 연쇄살인범 정남규의 경우 불우한 어린 시절과 아동 성폭행을 당한 트라우마가 전혀 해소되지 못한 상태에서 정상적인 사회생활을 하지 못했고 타인과 사회에 대한 강한 적대감을 가지고 있었다.

묻지 마 범죄의 범행 동기는 그 범죄자의 스트레스를 결정적으로 자극하는 특정 사건, 예를 들어 해고나 실직, 타인에게 거부당하는 경험 등일 때도 있지만 일반인으로선 전혀 예측할 수 없는 사건이 그를 자극하여 범죄를 유발시킬 때도 있다. 가령 어느 행복한 가정의 웃음소리를 듣고 타인의 행복에 대한 분노가 치솟아 모르는 사람들을 우발적으로 살해했던 사건이 그 예다.

타인과 사회에 대한 강한 적대감 때문

묻지 마 범죄를 벌이는 가장 큰 원인은 사회에 대한 강렬한 적대감이다. 외국에서 벌어진 묻지 마 범죄들의 경우에도 사회 환경의 영향이 크게 작용했는데, 미국의 경우 실업이라든가 참전으로 인한 트라우마, 인종차별로 인한 좌절감 등이 원인으로 작용한 범죄가 많았다.

일본의 경우 장기불황으로 인한 실직상태나 양극화현상으로 인해 분노를 품고 있다가 갑자기 사람을 무차별적으로 살상하는 묻지 마 범죄가 1990년대 이후 자주 발생했다.

그래서 사회 양극화가 심해지고 개인의 분노와 절망감이 커지고 있는 지금의 한국 사회에서도 욱하는 화를 이기지 못해 저지르는 우발적인 충동범죄나 대상을 예측할 수 없는 묻지 마 범죄가 해마다 더욱 증가하고 있는 것이다. 이러한 묻지 마 범죄의 원인과 양상을 구체적으로 정리하면 다음과 같다.

첫째, 어떤 형태로든 사회에서 소외된 사람들이 저지르는 경우가 많다.

소외된 사람들은 자신을 소외시킨 사회에 대한 장기간의 증오심을 가지고 있다. 그래서 그 공동체에 속한 타인에게 무차별적으로 해를 끼쳐 공포를 유발시킴으로써 그 사회 혹은 공동체를 파괴하려 하는 것이다.

그래서 은둔형 외톨이라든가 '왕따'의 피해자, 학대 경험자, 혹은 사회적으로나 경제적으로 취약한 계층에 있는 사람들이 범죄자가 되는 경우가 많다.

둘째, 자신의 삶을 망가뜨린 주된 원인이 부모, 가족, 공동체, 사회, 국가 등 외부에 있다고 믿는다.

  묻지 마 범죄는 모든 문제의 원인을 자기 자신이 아닌 외부에 있다고 강하게 믿기 때문에 벌이게 된다. 자신에게는 책임이 전혀 없으며 잘못된 사회, 잘못된 국가, 잘못된 커뮤니티에게 책임을 전가하려는 심리를 가지고 있다. 그 사회에 대한 복수심을 가장 파괴적으로 표출할 때 묻지 마 범죄를 벌이는 경우가 많다.

셋째, 우발적 분노 폭발에서 장기간에 걸친 계획으로 진화된다.

  묻지 마 범죄에는 순간적인 분노를 제어하지 못하여 우발적으로 혹은 충동적으로 범죄를 저지르는 형태도 있지만, 여기에서 발전하여 평소 분노를 담아두고 있다가 범죄에 대한 구체적인 계획을 세우는 형태가 되기도 한다. 이럴 경우 살상의 방법도 흉악해지고 피해자 숫자와 범죄 규모도 커진다.

넷째, 가해자는 자기 자신을 피해자라고 믿는다.

  대부분의 범죄자들은 그 자신이 학대의 피해자였던 비율이 높다. 그밖에도 사회 부적응자나 은둔형 외톨이, 혹은 어떠한 형태로든 실패를 경험한 사람인 경우가 대부분이다. 그렇기 때문에 자신의 삶에 대한 피해의식이 일반인들보다 매우 강하다.

  이들이 범죄를 실행에 옮기는 순간에는 오랜 기간 누적된 피해의식이 극에 달해 있는 경우가 많다.

다섯째, 피해자가 누구인지는 중요하지 않다.

묻지 마 범죄의 가해자는 책임을 자신의 내부가 아닌 외부에서 찾는 것 자체가 본인에게 중요하다. 또한 그 사회의 규범과 질서를 완전히 무너뜨리는 것이 중요하기 때문에 피해자가 누구인지는 전혀 신경 쓰지 않는다. 오히려 생판 모르는 사람, 자신과 아무 상관도 없는 사람, 익명의 사람, 불특정 다수의 사람들을 희생시키는 것이 범죄의 목적과 더욱 부합하다고 여긴다.

여섯째, 망상 등 정신질환을 앓고 있는 비율이 높다.

아무 이유 없이 길거리 행인들이나 지하철 승객들에게 흉기를 휘두르거나 차량 돌진 등의 방법으로 무차별 살상을 벌이는 범죄가 최근 들어 급격히 증가하고 있다. 그런데 이러한 범죄들 중에는 가해자가 평소 환청, 과대망상 등의 정신질환을 장기간 앓고 있었던 비율이 다른 범죄보다 높은 편이다.

정신질환에 대한 치료의 기회가 전혀 없었던 상태에서 자유롭게 거리를 활보하다 범죄를 저지르기도 한다. 그야말로 언제 어디서 터질지 모르는 시한폭탄이라 할 수 있다.

정신질환 치료 시스템이나 사회적인 보호 체계가 아직까지 절대적으로 부족한 우리나라의 경우 묻지 마 범죄 위험성이 날이 갈수록 높아지고 있다.

3. 공포영화보다 더한 사이코패스와 소시오패스

선천적으로 죄책감을 못 느끼는 사이코패스

사이코패스(psychopath)는 반사회적 인격장애에 속하는 것이지만 모든 반사회적 인격장애자가 사이코패스인 것은 아니다. 일반적으로 사이코패스는 전체 인구의 1% 정도, 그리고 그중 범죄자의 성향을 드러내는 경우는 0.01% 정도인 것으로 알려져 있다.

즉 사이코패스라고 해서 무조건 끔찍한 범죄자가 되는 것은 아니며, 겉으로는 멀쩡하거나 사회적으로 높은 지위를 가진 사람들 중에도 사이코패스가 있을 수 있다.

사이코패스의 주된 특징은 다음과 같다.

- 감정 및 인지능력이 일반인과 다르다. 일반인이 이해하는 언어의 맥락을 정확히 이해하지 못하거나 두려움이나 공포에 둔감한 경우도 있다. 특히 감정과 관련된 언어를 사용하는 것이 서툰 경향이 있다.
- 타인에 대한 공감능력이 거의 없어서 타인과 정서적 유대감을 맺지 못한다.
- 자신의 감정을 잘 숨겨 평소 얌전하거나 선량하다는 평가를 받기도 한다.
- 과대망상증이 있고, 자신의 범죄를 자랑스러워한다.
- 자신이 원하는 바를 얻기 위해서는 수단과 방법을 가리지 않는다. 이 과정에서 남을 속이거나 거짓말을 하는 데 능숙하다.
- 끔찍한 일을 저지르고도 죄의식을 느끼지 못한다.

> - 충동적이고 즉흥적인 성향을 지녀 끔찍한 범행을 아무렇지 않게 저지른다.
> - 뇌의 전두엽 기능이 정상인들보다 떨어지거나 세로토닌 호르몬 분비가 부족해 공격성을 자제하거나 감정을 자제하는 것이 어려운 경우도 있다.
> - 유전적, 생물학적 요인에 의해 선천적으로 사이코패스 기질을 가지고 태어나고 여기에 후천적 환경의 영향(유년기 학대 등)을 받으면 사이코패스 범죄 성향이 드러날 가능성이 더욱 높아진다.

지난 2006~2008년에 경기도 서남부 일대에서 여성 8명을 살해하고 2009년에 붙잡힌 연쇄살인범 강호순은 사이코패스의 대표적인 예로 꼽힌다. 평소에는 친절한 이웃이자 정상적인 자영업자로 행세한 그는 선량해 보이는 인상과 태도로 인해 여성들이 큰 경계심을 갖지 않고 자신의 차에 타게끔 유도했다.

살인을 저지르기 전에는 기르던 개들을 학대, 살해하는 등 사이코패스의 전형적인 기질을 드러냈으며, 학대와 살해 행위 자체에서 쾌감을 느끼고 자신의 범죄 행위에 죄책감을 전혀 느끼지 않았다. 이러한 사이코패스는 타인을 해치는 데 대한 양심의 가책을 전혀 느끼지 못하며 자신의 범죄 행위를 만족스러워하고 남에게 자랑하기도 한다.

교묘한 두 얼굴의 소시오패스

소시오패스(sociopath)는 전 인구의 4% 정도로 사이코패스보다 비율이 훨씬 높은 것으로 알려져 있다.

즉 범죄 성향을 전혀 드러내지 않는 일반인 중에도 소시오패스가 있을 수 있다. 소시오패스도 반사회적 인격장애에 속하지만 범죄에 대한 인지 능력이 분명히 있다는 점이 사이코패스와 다르다. 소시오패스의 주된 특징은 다음과 같다.

- 자신의 감정을 숨기거나 조절하는 위장능력이 뛰어나다.
- 자신이 목적하는 바를 위해 수단과 방법을 가리지 않고, 타인을 교묘하게 이용하거나 이간질을 시키며 이 과정을 게임이나 놀이처럼 즐긴다.
- 원하는 것을 수행하는 과정이 매우 계산적이고 치밀하다.
- 겉으로 볼 때 매력적, 사교적인 경우가 많으며, 말솜씨가 뛰어나고 첫인상이 좋은 사기꾼 유형 혹은 카리스마 있는 리더 유형이 많다.
- 범죄행위에 대한 양심의 가책을 느끼지 않는다.
- 자신의 행동에 관한 책임감이나 타인의 고통에 관심이 없다.
- 자신의 행동을 정당화, 합리화시키는 논리를 구사하며 오히려 책임을 피해자에게 전가시킨다.
- 승부욕이 강해 새롭고 위험한 자극을 즐긴다.
- 이성과의 연애경험이 많거나 애인을 자주 바꾼다.
- 타인 앞에서 거짓으로 후회하고 반성 하며 동정심을 유발하는 능력이 뛰어나다.
- 어린 시절 학대나 폭력을 경험한 경우가 많다. 이 경험을 통해 타인을 학대하고 이용하여 권력을 잡는 것을 배우고 이를 실행에 옮긴다.

이러한 소시오패스 범죄자 중에는 히틀러 같은 독재자나 화술로 다수를 현혹시키는 종교 교주, 높은 지능을 요하는 화이트칼라 범죄자가 많다. 소시오패스는 사이코패스에 비해 사회적 환경의 영향이 크기 때문에 사회 질서가 무너지고 인간을 도구로 여기며 오로지 무한경쟁을 지향하는 사회에서 소시오패스 범죄자가 증가한다. 최근 우리나라에서 소시오패스 범죄자가 늘어나고 있는 것도 그런 까닭이다.

사이코패스와 소시오패스, 무엇이 다를까?

흔히 끔찍한 연쇄살인이나 강력범죄의 범인들은 모두 사이코패스나 소시오패스라고 생각하는 경향이 있다. 요즘에는 범죄영화나 드라마 등 대중매체의 영향으로 인해 이 둘을 혼동하거나 강력범죄를 무조건 사이코패스나 소시오패스와 연관 짓는 사람들이 적지 않다.

그러나 이 두 가지는 서로 구분되는 특징을 지니고 있으며 또 모든 범죄자가 다 사이코패스나 소시오패스인 것은 아니다. 반대로 사이코패스나 소시오패스 경향을 가지고 있다고 해서 모두 강력범죄를 저지르는 것도 아니다. 사이코패스와 소시오패스는 대체로 다음과 같은 차이점을 가지고 있다.

1. 유전성 ↔ 사회성

: 사이코패스는 유전적이고 선천적으로 충동적, 즉흥적, 두려움에 둔감한 기질을 가지고 태어난다.

그러나 소시오패스는 유년기의 학대 등 후천적, 사회적, 환경적 원인에 의해 형성되는 경우가 많다. 그래서 사이코패스는 정신병질, 소시오패스는 사회병질이라 표현하기도 한다.

2. 무인식 ↔ 인식

: 사이코패스는 자기가 저지르는 범죄가 잘못된 행동이라는 개념 자체를 갖지 않다. 그래서 때로는 천진난만하게 자신의 범죄를 자랑하고 싶어 하며 그것이 왜 잘못된 것인지 깨닫지 못하기도 한다.

그러나 소시오패스는 자기가 저지르는 범죄가 잘못된 행동이라는 개념을 분명히 인식하고 있음에도 불구하고 저지른다.

3. 충동성 ↔ 계획성

: 사이코패스는 자신의 기질에 의해 충동적으로 범죄를 저지른다.

반면 소시오패스는 자신의 감정을 조절하거나 범죄를 행하는 데 있어서 치밀하고 계산적이다. 또한 사이코패스는 대인관계에 있어서도 돌발성과 충동성이 강하다. 반면 소시오패스는 매우 정상적인 가면을 쓰고 자신이 목적하는 바를 이루기 위해 타인의 감정을 교묘하게 이용할 줄 안다.

4. 도덕관념 無 ↔ 도덕관념 有

: 사이코패스는 법과 윤리에 대한 개념과 도덕관념이 전혀 없다.

반면 소시오패스는 어떤 것이 올바른 법과 윤리, 도덕에 부합한 것인지 잘 알고 있으면서도 그에 어긋나는 행동을 저지른다.

사이코패스와 소시오패스의 차이를 간단하게 도식화하면 대략 다음과 같다.

사이코패스	소시오패스
생물학적	사회적
윤리 및 범죄 인지력 없음	윤리 및 범죄 인지력 있음
기질에 의한 범죄	계산에 의한 범죄
충동적	계획적

4. 폭증하는 이별범죄

이별의 상처가 범죄가 되다

　남녀관계에서 교제나 이별의 과정에서 발생하는 폭력, 성폭력, 스토킹 등을 통틀어 치정 범죄라고 한다.
　치정 범죄는 어느 시대에나 있어 왔으나 특히 이별의 과정에서 소유욕이나 집착에 의해 저지르는 폭력이나 살해사건이 최근 들어 우리 사회에서 눈에 띄게 급증하고 있다. 또한 이별 후에도 상대방을 괴롭히는 스토킹(전화나 SNS를 통한 언어폭력과 협박, 따라다니는 행위, 공포심 유발 행위 등) 관련 사건들도 폭발적으로 증가하고 있다.
　'한국 여성의 전화'에서 조사한 바에 따르면 최근 남편이나 애인 등에 의해 살해당한 여성이 1년간 100명이 넘었으며 살해 위협에 처했거나 살인미수에서 가까스로 살아남은 사례도 증가했다. 본인이 살해당하지 않았으나 가족이나 주변사람이 중상을 입거나 살해당한 경우도 예전보다 크게 늘어났다.

 이러한 이별범죄는 기존의 가정폭력과는 구분되는 것으로, 동거인이나 배우자에 의한 폭행이나 살인이 아니라 이별 과정이거나 이미 이별한 상대방이 저지르는 범죄임에도 불구하고 아직 이에 대한 정책이나 규정이 거의 없는 상황이다.

 또한 남녀 사이의 개인사로 치부되어 겉으로 드러나기가 어렵고 피해자가 지소적인 살해 위험에 처해졌어도 신고 되거나 공개되지 않은 사례가 더 많다. 그리고 이러한 사례와 비율이 꾸준히 높아지고 있는 것도 특징이다.

이별통보를 받자 흉기를 휘두르는 사람들

 '애인으로부터 헤어지자는 말을 듣자 격분하여 상대방을 찾아가 납치 후 폭행하거나 그 자리에서 살해했다.'

 최근 언론을 통해 공개되는 이별범죄의 가장 흔한 유형은 위와 같다.

 이처럼 대부분의 이별범죄는 상대방의 이별 통보가 가장 주된 범행동기가 된다. 이러한 폭행이나 살인 범죄의 대부분은 흉기를 미리 준비하고 피해자 동선을 주도면밀하게 파악한 후 범행을 저지른다는 점에서 우발적 범죄이기보다는 명백한 흉악 범죄이며, 유사한 사례가 과거에 비해 눈에 띄게 증가하고 있다.

  전통적인 연구 결과에 의하면 남편이나 애인에 의한 살인사건은 평소 두 사람 사이에 대등한 관계가 아니라 지배적이고 피지배적인 불평등 관계에 있었던 경우가 많다.

  자신에게 복종하고 참았던 피지배자가 자신의 권력에서 벗어나려고 할 때 지배자가 격분하게 되며 이 과정에서 위협, 폭행, 살인을 하게 된다는 것이다. 처음에는 애정을 갈구하거나 옛 관계를 회복하기 위해 구걸하는 형태를 보이다가, 상대방이 점점 멀어지고 피하려 할수록 폭력의 정도가 강해지며 마침내 극단적인 범죄를 저지르게 된다. 폭행이나 살인을 통해 자신의 자존감을 회복하려 하기 때문이다.

  최근 우리나라에서 급증하고 있는 이별범죄의 경우 가해자가 이별에 대한 심리적 박탈감과 배신감을 비정상적으로 과도하게 받아들이는 경향이 강하다는 것이 또 하나의 주된 특징이다. 대부분이 다른 대인관계에 있어서 미숙하고 사회성이 약하며 분리불안 증세가 강한 특성을 보이고 있다. 이러한 상태에서 이별을 통보받았을 때 상대방에게 폭력을 가하는 것을 애정의 표현이라고 착각하는 경우가 많다.

스토킹도 명백한 범죄

  이별범죄의 상당수는 일정기간 동안의 스토킹 행위를 동반하는 확률도 높다. 스토킹이란 '고의적으로 상대방을 쫓아다니거나 괴롭히는 행위 및 그로 인해 피해자가 신변의 안전에 대한 명백한 위협과 공포를 인지하는 상태'를 뜻한다. 이별 범죄가 그렇듯이 대다수의 스토킹 가해자는 자신의 행동을 범죄라고 생각하지 못한다.

예전에는 스토킹이라고 하면 유명인이나 대중 스타를 집요하게 따라다니거나, 실제로는 친하지 않은 특정 인물과 대단히 친밀한 사이라고 굳게 믿는 정신적 망상장애를 갖고 있는 경우가 많았다.

그러나 요즘 사회적 문제가 되고 있는 스토킹은 대개 이별범죄와 연관되어 있는 경우가 많다. 최근 증가하고 있는 스토킹 범죄의 특징은 다음과 같다.

- 이별을 통보한 상대방, 혹은 이미 이별한 상대방에 대해 극심한 분노, 배신감, 복수심을 갖는다.
- 상대방의 거절 의사를 받아들이지 못한다.
- 스토킹 사건의 80% 이상은 남성이 가해자이다.
- 대인관계가 불안정하고 미숙한 성격장애를 가지고 있는 가해자가 많다.
- 몰래 쫓아다니거나 감시하거나 협박을 일삼는 스토킹 행위가 2년 이상 장기간 이어질 정도로 만성적으로 벌어지기도 한다.
- 남녀 사이의 문제라 하여 사법제도의 도움을 받지 못하는 경우가 많다.
- 접근금지 등의 법적 조치를 받더라도 이를 위반하거나 재범을 저지를 확률이 높다.
- 가해자는 자신의 행위를 범죄행위라 인식하지 못한다.
- 간접적인 위협에서 진화하여 직접적인 신체적 폭력이나 살인미수, 살인으로 이어지는 확률이 높다.
- SNS 등을 활용한 사이버 스토킹, 즉 온라인을 통해 괴롭히는 방식을 병행하는

경우가 많다.
- 가해자의 대부분은 교제 과정에서도 상대방에게 과도한 집착을 하거나 이미 신체적 폭력을 가했을 가능성이 높다.
- 알코올이나 약물 남용의 전력이 있거나 혹은 현재에도 알코올이나 약물 중독의 상태에 있는 가해자가 많다.

대인관계 미숙과 병적인 분리불안

남녀관계에 있어서뿐만 아니라 사회생활과 인간관계 전반에 걸쳐 미숙하고 불안정한 사람들이 많아지고 있다. 이 경우 분리불안이 심하고 거절에 대한 공포심이 비정상적으로 큰 것을 알 수 있다.

모든 인간관계는 어느 정도의 거리감을 필요로 하기도 하고 특히 남녀관계에 있어서 애착 형성과 이별의 경험을 통해 성숙한 성인이 되는데 이 자체를 받아들이지 못하고 거절 자체를 부정적 정서로 받아들이는 것이다. 즉 '타인의 거절=자신에 대한 공격'으로 받아들이며, 상대방과의 애착을 통해서만 자존감을 찾으려 한다.

스토킹의 가해자들은 성장기에 부모와 건강한 애착관계를 맺지 못했을 가능성이 높으며, 이 상태에서 성인이 되었을 때 집착이나 폭력적 스토킹 행위를 통해 상대방과 관계를 유지하려 한다. 이들에게 있어 비정상적인 집착, 질투, 스토킹, 이별범죄는 관계를 유지하고 자신의 자존감을 증명받기 위한 유일한 수단이며, 피해자에 대해 죄책감을 느끼지 않고 자신의 행위를 정당화시킨다.

  대부분의 스토킹 피해자들은 극도의 공포나 수면장애, 우울증을 동반한 외상 후 스트레스 증후군을 경험하게 된다. 스토킹 행위가 2주 이상 이어질 경우 정상적인 일상생활이나 사회생활을 유지하는 데 있어서도 어려움을 겪는다.

  전문가들은 최근 한국사회에서 이별범죄나 스토킹범죄가 급증하고 있는 이유에 대해 요즘 젊은이들이 성장과정에서 성숙한 대인관계를 형성하는 방법을 배우지 못했다는 점을 꼽기도 한다. 지나친 경쟁사회에서 인성을 제대로 성장시키는 교육을 받지 못한 사람들이 성인이 되어 남녀 관계를 실제로 경험하게 되었을 때 건강한 관계를 유지하거나 갈등을 해결하는 방법 자체를 모른다는 것이다.

5. 마음의 깊은 병, 우울증과 자살률 증가

우울증과 자살은 개인문제가 아닌 사회문제

  최근 우리나라의 자살률은 10만 명 당 28.4명(2011년 기준)을 넘은 후 해마다 지속적으로 증가하고 있으며 이는 OECD 국가의 평균보다 2배 이상 높은 수치라고 한다.

  지속적인 우울증으로 인한 자살은 겉으로 보기엔 개인적인 문제로 보여질 수도 있다. 하지만 최근 한국 사회의 자살률이 해마다 늘어나면서 우울증 및 자살로 인한 사회경제적 비용도 해마다 급증하고 있다. 자살률이 높아지는 이유는 치열한 경쟁사회에서의 과도한 스트레스가 가장 큰 원인이라는 점에서 결코 개인의 문제가 아닌 사회문제인 것이다.

10대는 학업과 입시 스트레스로 인해, 20대는 취업과 경제적 스트레스로 인해 자살하는 비율이 높다. 사회적으로 안정기를 맞이한 중장년층 이후로는 자살률이 줄어들 것 같지만 요즘에는 실직이나 해고 등 생애전반에 걸친 불안으로 인해, 그리고 노년기가 되어서는 사회적 고립과 질병, 경제적 어려움으로 인해 자살하는 사람들이 많다.

특히 사회 소외계층이나 저소득층이 극심한 생활고를 견디지 못해 자살하는 것은 명백한 사회적 양극화와 구조적 모순에서 기인하는 문제다.

우울증뿐만 아니라 게임이나 온라인 게임중독, 약물중독, 알코올중독 등 각종 중독 환자가 증가하는 것도 사회 환경과 무관하지 않다. 힘든 환경에서 스트레스를 받으며 출구를 찾으려 하는 사람들이 많다는 뜻이기 때문이다.

자살은 타인이 아닌 자신에 대한 공격 행위

'국민배우' 최진실의 자살을 비롯한 톱스타들의 우울증과 그로 인한 자살은 많은 이들에게 충격과 슬픔을 안겨 준다. 대중적으로 잘 알려진 톱스타의 자살 직후 그 사회의 자살률이 일시적으로 높아지는 '베르테르 효과'는 자살의 여파가 어떤 것인지를 보여준다.

최근 자살한 할리우드 배우 로빈 윌리엄스는 젊은 시절 마약중독으로 힘든 시기를 보냈다고 한다. 그러다 2000년 들어서는 심각한 알코올 중독으로 재활센터 신세를 졌다. 그는 한 인터뷰에서 "내 어렸을 적 유일한 친구는 내 상상력뿐이었다."라고 말했다. 아버지는 늘 멀리 떠나 있었고, 어머니도 줄곧 보모에게 그를 맡겨두고 일하러 나갔다. 그래서 그는 '애정결핍 증후군(Love Me Syndrome)'을 앓았다고도 알려져 있다.

전문가들은 우울증에서 이어지는 자살을 '자신의 내면을 향한 공격'이라고 설명한다. 범죄를 저지르는 사람들은 공격성을 타인이나 외부로 돌리는 것이지만 자살을 감행하는 사람들은 공격성을 자기 자신에게 돌리는 것이나 다름없다는 것이다.

자살 시도를 한 번 이상 했던 사람들을 상담하다 보면 공통적인 부분이 발견된다. 거의 대부분 어렸을 때 집에 혼자 있는 시간이 많았다는 것이다. 혼자 말하고, 혼자 생각하고, 혼자 밥 먹고, 혼자 텔레비전 보았다고 말한다. 어려서부터 혼자만의 세상에서 살아온 경우가 많다는 이야기다. 자신에게 다가온 사람도 없고, 자신이 스스로 다가갈 사람도 없었다고 한다. 누군가가 다가오길 바라지만 다가오면 어떻게 하는지 몰라서 피하기도 한다. 혼자라는 상태에 익숙해져버린 체념의 감정이다.

자살은 살고 싶다는 절규다

'미동조차 할 수 없었다. 극도의 불안으로 마비 상태에 빠져 들었다. 이성적인 사고와 판단은 존재할 수가 없었으며, 그런 의미에서 혼수상태나 다름없었다. 무기력한 무감각 상태에서도 '실체적이고 실제적인 고

뇌'가 나를 휘감았다.'

- 윌리엄 스타이런의 〈보이는 어둠〉 중에서

우울증에 대한 위 저서의 구절처럼 우울증을 앓거나 자살을 염두에 두는 사람들의 마음에는 공통점이 있다. 주변이 물감으로 번진 듯 도는 것 같고, 그 가운데 있는 자신은 마치 허공에 멍하게 떠있는 것 같거나 정지된 것 같은 느낌을 경험하게 된다. 이것이 지속되어 매일매일 이런 상태로 살게 된다. 불면증으로 인해 잠도 오지 않고 주변 사람들의 말소리도 제대로 들리지 않는 상태에서 계속 나도 모를 길 위를 떠다니는 느낌을 받을 것이다.

나는 자살을 하여 죽고 난 사람의 영혼은 분명히 후회를 하고 있을 거라고 생각한다. 자살 직후의 영혼은 '내가 지금 무슨 짓을 한 거지?' 라고 생각했을 것이다. 아무리 자살을 감행했더라도 사실은 '잘살고 싶어 미치겠어. 인정과 사랑과 관심을 받으며 살고 싶어.' 라는 절규를 하고 있었을 것이다. 즉 자살은 '살고 싶다!' 라는 절규와 결국은 같은 것이다. 더 뜨겁게 살고 싶다는 그 절규가 끝나고 나니 몸이 죽어있는 것이나 마찬가지다.

자살을 시도하는 사람들은 현실적인 고통, 불안, 분노, 슬픔에서 벗어나기 위한 극단적인 선택을 한다. 그 사람의 고통을 덜어주고 자신의 슬픔과 분노의 감정을 통제할 수 있는 방법을 가르쳐주는 최소한의 노력만으로도 고통과 분노를 덜어줄 수 있다. 때문에 우울증을 앓고 있고 자살을 생각하는 사람들에 대한 치료과정이 반드시 필요하다. 개인의 문제로 치부할 것이 아니라 사회적으로 비용을 들여 우리 사회의 급증하는 자살률에 대한 대책을 세워야 한다.

[이거 알아요?]

가해자이면서 피해자, 청소년범죄가 늘고 있는 이유는 무엇인가?

성인범죄 못지않게 흉포해지는 청소년범죄

최근 난폭한 인터넷 게임에 몰두했던 10대 청소년이 집에서 게임 직후 갑자기 자신의 누나를 흉기로 여러 번 찔러 중상을 입힌 사건이 있다. 또 10대 고등학생이 자신을 야단치는 형에게 격분하여 주방 흉기로 찔러 숨지게 한 사건도 벌어졌다.
이처럼 10대 청소년이 순간적인 분노를 다스리지 못하고 가족이나 주변 사람에게 우발적인 범죄를 저지르는 사건이 늘어나고 있다.
이미 심각한 사회문제가 된 학교폭력 못지않게 일부 청소년들의 충동적인 폭력 사건 발생 빈도가 증가 추세에 있는데, 친족이나 형제, 심지어 부모에게 살상을 저지르는 사례도 적지 않다. 또한 그 폭력성의 정도가 성인범죄 못지않게 흉포해지고 있는 것도 특징이다.
그러나 각종 청소년범죄는 이들이 아직 성인이 아니라는 점에서, 그리고 어떤 면에서는 비정상적인 사회 환경의 피해자라는 점에서 일반적인 성인범죄와 다른 측면에서 바라봐야 할 것이다.

극심한 경쟁과 인성교육 부재의 결과물

전문가들은 우리나라 청소년들이 처한 극심한 경쟁 시스템과 학업 스트레스, 사회적 낙오자가 되는 것에 대한 불안과 공포가 청소년범죄의 주된 원인이라고 지적한다. 오로지 경쟁에서 이기고 살아남기 위한 교육과정에서 인성교육이 존재하지 않고 과거와 같은 가족이나 공동체의 보살핌도 받지 못하기 때문이다.

가정이나 학교의 테두리에서 벗어난 청소년들도 큰 사회문제가 되고 있는데 특히 가출 청소년들의 집단인 이른바 '가출팸'의 증가율이 이를 증명한다.

이들 청소년들은 도시 외곽, 편의점, PC방, 모텔 등을 전전하며 각종 범죄 및 미성년자 성매매의 피해자가 되어 전혀 보호받지 못하고 있다. 이러한 아이들에 대한 사회적 보호 장치가 없는 상태에서 피해자였던 청소년이 성인이 되어 여러 범죄의 가해자가 된다.

가상의 세계와 실제 세계를 혼동하는 아이들

가정과 사회에서 취약한 환경에 놓인 청소년들의 상당수는 인터넷과 SNS를 통한 가상세계에 탐닉하고 있기도 하다. 자극적인 게임과 잔인한 동영상을 과도하게 접하는 과정에서 현실인지능력이 떨어지게 되는데, 현실에서 받은 스트레스, 소외감, 굴욕, 분노 등을 인터넷을 매개로 복수하려는 욕구를 갖게 된다.

최근 인터넷을 통해 이슬람 테러단체와 접촉한 후 실제로 출국하여 테러집단에 합류함으로써 사회적 충격과 파장을 일으킨 청소년이라든가, 타인에 대한 비상식적인 '악플'을 일삼는 '일베' 회원의 상당수가 20대 이하의 청년 혹은 청소년이라는 사실은 청소년들의 현실감각이 무뎌지고 있는 현상을 보여준다.

이들 청소년들에게 내재된 감정들 중에서 가장 중심을 차지하는 것은 역시 '분노'라 할 수 있다.

현실에서의 좌절감, 경멸감, 패배감을 가상세계에서 분출하여 보상받으려는 것이다. 또한 인터넷이라는 세계는 컴퓨터를 끄는 행위 혹은 한두 번의 클릭만으로 모든 것을 없었던 일처럼 만들 수 있다는 점에서 타인에 대한 비인간화, 비인격화를 당연한 것으로 여기며 자라게 된다.

성인이 되기 전의 이러한 경험들은 타인에 대한 공감능력을 결여시키는 주된 원인이다. 무엇보다도 두뇌발달이 아직 미숙한 성장기에 체득하게 되므로 성인이 된 이후의 범죄로 연결될 개연성이 높아진다.

가해자이면서 근본적으로 피해자의 위치에 있을 수밖에 없는 청소년에 대한 관심과 체계적 인성교육 프로그램이 절실한 이유다.

[이거 알아요?]

자살, 협박... 긴박한 현장일수록 지지와 위로가 절실하다

특공대, 서울청, 지방청 등을 다니며 위기협상 강의를 한 지도 3년이 지나고 있다. 자살, 타살, 인질협박, 분노조절장애, 망상, 마약중독자 등 각종 사건 현장에서 실제로 일어나는 사례들을 가지고 협상가로서 어떻게 할 것인지를 알려주는 것이 나의 역할이다.

자살이나 인질 현장에서 경찰이 강제로 진압하던 시대는 지났다. 미국의 경우에는 전문 협상가가 큰 역할을 하지만 우리나라는 아직 상황이 열악한 편이다.

협상의 가장 큰 어려움은 긴박한 현장에서 설득을 통해 진정을 시켜야 한다는 점이다. 그런데 자살이나 타살을 하려는 사람을 진정시키려면 어떻게 해야 할까? 자살을 하려는 사람에게 가장 많이 하는 실수 중 하나는 바로 내려오라고 종용하는 것이다. 당사자에게는 가장 어이없게 들리는 말이다. 남의 말 한 마디에 바로 포기하기에는 자존심이 허락하지 않는다. 속된 말로 '쪽팔려서' 바로 내려갈 수가 없는 것이다.

자살을 하려고 극단적인 방법을 취하는 사람들은 기댈 사람조차 없는 사람들이다.

그동안 자신의 심정을 알아준 대상이 없는 경우가 많다. 그런 사람들에게 "가족을 생각해서 그러면 안 되지요."와 같은 말은 별로 소용이 없다. 가족에게조차 지지를 받지 못한 사람에게 그런 말은 오히려 자신이 왜 자살을 하려 했는지를 재확인시켜주는 말에 불과하다.

자살을 시도하는 당사자에게 필요한 말은 "오죽했으면… 얼마나 힘들고 억울했기에…"와 같은 말들이다. 자살을 시도한다는 것은 자기를 알아주기를 바라는 몸부림인 경우가 많다. 누군가 하소연할 사람, 자기 마음을 알아줄 사람, 들어주고 위로해줄 사람, 같이 욕해줄 사람이 절실한 것이다.

분노 게이지가 극에 달한 범인에게 다가가는 것도 마찬가지다. 분노로 인해 뭔가 일을 저지른 경우, 사실은 당사자도 두려워하고 있는 경우가 많다. 본인이 저지르고 있는 그 상황이 스스로도 두렵기 때문에 무기와 인질을 이용해 안심하고 싶은 것이다. 그래야 본인이 약자에서 강자가 되는 것이다. 분노가 극에 당한 사람은 약자로만 살아온 경우가 대부분이기 때문이다.

그런 사람에게 "진정하세요."라는 말은 오히려 분노를 자극한다. 그런 말은 이렇게 들릴 수 있다. "진정하는 나는 정상이고, 진정 못하는 당신은 '또라이' 야."

따라서 진정하라는 일방적인 말보다는 다음과 같이 말해주어야 한다.

"얼마나 억울하세요? 오죽했으면 이러실 수밖에 없었나요? 무슨 억울한 일을 당했는지 이야기 좀 해줄 수 있어요?"

즉 그 사람이 왜 진정하지 못하는지 그 상황을 우선 인정해줘야 한다. 그것이 진정한 지지와 위로의 시작이다.

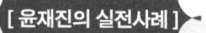
[윤재진의 실전사례]

게임중독에 빠진 중학생의 속마음

엄마 손에 끌려 온 중학생 A군(15세, 남)은 게임중독에 빠져 있다고 했다. 어머니는 아들이 늘 게임만 한다며 걱정의 말을 쏟아냈다. 그러나 A군은 인사도 하는 둥 마는 둥 시선도 맞추지 않고 주머니에 손을 넣은 채 '엄마 때문에 억지로 오기는 했지만 난 아니거든!' 하는 표정을 하고 있었다.

상담자는 어느 한 쪽의 말만 들어서는 안 된다. 편견을 갖고 내담자를 들여다봐서는 안 된다. 일단 A군만 상담실로 데리고 들어갔다.

처음에는 침묵이 흘렀다. 내담자들 중에는 문제 해결을 위해 자발적으로 오는 경우도 있지만 강제로 오는 경우도 많다. 부모님 때문에 오는 청소년이나 아내의 성화 때문에 오는 남편들이 그런 경우에 속한다. 자발적이지 않은 상태에서 오는 경우 당연히 참여도가 저하되고 시간 때우는 식으로 버티기도 한다. 이런 경우 라포를 형성하기도 어렵고 치료적 동맹을 맺기는 더욱 힘들다.

A군은 계속 입을 다물고 바닥만 쳐다보고 있었다. 나는 책상에 있던 볼펜을 하나 집어서 가운데에 놓으며 이렇게 혼잣말을 했다.

"어쩔 수 없이 왔거든! 에이씨 짜증나. 피곤해지기 싫어서 왔다고!"

A군 반응을 봤다. 바닥을 보던 눈을 살짝 떠서 나를 봤다.

A군과 눈이 마주침과 동시에 나는 이렇게 말했다.

"이 볼펜의 심정이 그렇겠다. 얼마나 답답하고 짜증날까?"

그러자 A군이 피식 웃는다. 좋은 신호이다. 볼펜은 곧 내담자, 주인공의 역할이 주어진 것이다. 볼펜을 집어 올리며 말했다.

"얘는 억울할지도 몰라, 게임중독이라는 말 자체가. 맞니? 얘 대신 말해줄래?"

"네…."

컴퓨터 앞에만 있던 아이, 사실은…

요즘 청소년들처럼 기계와의 친분에 익숙한 사람들의 경우에는 자신의 심정을 1인칭으로 표현하는 것이 가장 힘든 일이다. 그래서 직접적인 질문보다는 2인칭이나 3인칭으로 놓고 물으면 좀 편안해 한다. 편안함이 형성이 되면 그때 1인칭으로 질문해도 무난해진다.

"여기 오기 싫었지? 이런 거 너무너무 싫지?"

"네."

"맞아. 나라도 정말 싫을 것 같아. 내가 중학교 때 부모님의 말씀이 제일 불편하고 억울했거든. 알지도 못하고 그냥 말하잖아."

남학생의 입가에 살짝 웃음이 번진다. 이 순간을 놓치면 안 된다.

"여기 안 오는 방법 알려줄까?"

"네!"

귀가 번쩍 열리는 모양이다.

"억울한 이야기를 해주면 어머님께 전달해 줄 수 있어. 그럼 귀찮게 많이 오지 않아도 돼."

"……"

"어떤 게 제일 답답할까?"

"저 게임중독 아니에요."

"그래, 그건 줄 알았어."

다시 볼펜을 집어서 말을 한다.

"얘는 왜 그런 억울한 말을 들었을까?"

"컴퓨터 앞에만 있으면 무조건 게임한다고 해요."

"아! 그건 아닌데, 그치? 나도 컴퓨터 많이 하는데 게임하는 건 아니거든."

"네."

"그럼 얘는 컴퓨터 앞에 앉아서 무슨 놀이를 하니? 나는 연예인 이모저모 보는 게 너무 재밌어서 많이 보거든."

"채팅해요. 모르는 사람들하고 말을 해요"

"아, 그렇구나. 모르는 사람들하고 말하면 재밌지? 이 말 저 말 편안하게 할 수 있으니까."

"네. 사람들이 내가 말을 하면 맞다고 해줘요. 그럼 기분이 좋아요."

"맞아. 내 말을 들어주고 맞다고 해주면 정말 기분 좋지."

"정보도 이야기하고 생각도 나누고… 댓글 달리는 거, '좋아요' 표시 많은 거, 기분 좋아요."

다시 볼펜을 들고 이야기한다.

"얘는 아마 사람들하고 말을 하고 싶었나 보다. 집에서는 말할 사람이 없나 봐."

"네… 말해 봐야 소용없어요. 다 아니라고 할 거고."

"아!"

"평소에는 관심도 없다가 혼낼 때만 말해요."

"아, 그래?"

"……"

"많이 외로웠겠다. 그리고 오래된 거 같기도 하고."

"부모님이 맞벌이를 하셔서 늘 집에 혼자 있었어요."

"언제부터?"

"초등학교 때부터요."

"집에 혼자 있었어? 학교 갔다 오면?"

"늦게 오시니까 그때까지 텔레비전 보고, 밥 먹고…"

"밥은 어떻게 먹었니?"

"식탁에 반찬이 있거나 냉장고에서 꺼내서 먹었어요."

"마음 아프다…"

"그러다가 아빠 컴퓨터를 켜서 인터넷을 하는데 채팅하는 게 있었어요. 내 얼굴이 안 보이니까 말을 하기가 편해요. 뭔가 말하면 바로바로 반응이 와요. 심심하지 않아요."

"그래."

"여러 명이 하는 것도 재밌고, 둘이 하는 것도 재밌고, 친구들하고 학교에서 얘기 못한 것도 해요. 게임도 하긴 하는데 많이 안 해요. 여러 명이 팀으로 하는 게임은 해요. 근데 그 게임은 잔인하지 않아요. 게임이 좋아서가 아니라 여러 명이 팀으로 하는 게 좋아요."

그랬다. 이 학생은 게임중독이 아니라 대화가 하고 싶었던 것이다. 어머니는 아들이 컴퓨터 앞에 있다는 이유만으로 겉으로 드러난 모습만 가지고 오해를 했던 것이다. 대부분의 사람들은 그러한 착각과 오해를 고정관념으로 만든다.

부모와 자녀의 역할극으로 오해를 풀다

A군이 그동안 오해를 받아 억울하고 답답했는데도 말을 안 한 이유는, 가족과 깊은

대화를 나눈 경험이 없어서 어떻게 하는지를 몰랐던 것이다. 물론 부모님은 답답하고 속상하셨을 것이다. 자녀의 미래를 위해 고생을 하는데 볼 때마다 컴퓨터 앞에만 있는 것 같으니 말이다. 부모와 아들 사이에는 깊은 오해와 대화 단절이 있었다. 부모는 아들이 무엇을 원하는지 몰랐고 아들은 부모님이 어떤 고생을 하시는지 몰랐다. 오해가 엉켜있을 때는 당사자들끼리는 오히려 대화가 이루어지기 어려운 경우가 많다. 그래서 중간자가 촉매 역할을 해주어야 한다.

A군의 이야기를 어머니에게 전달해 드리자 어머니는 말문이 막힌 듯했다. 그리고 며칠 후 부모님과 남학생을 같은 자리에서 다시 만났다. 그리고 역할극을 통해 아들에게는 부모님의 고생하는 모습을 역할극을 통해 보게 하였고, 부모님에게는 아들이 어려서부터 집에서 혼자 있으면서 어떤 외로운 시간을 보냈었는지를 눈으로 볼 수 있게 하였다. 서로 몰랐던 모습을 시각적으로 보게 하고, 역할 교대를 통해 상대방의 입장을 체험하도록 하였다.

이 역할극을 진행하고 나서야 부모와 자녀는 서로를 이해하게 되었다. 비로소 제대로 된 만남의 순간을 갖게 된 것이다.

상대방을 역지사지로 이해하려면 머리로만 이해해서는 부족하다. 머리로 이해하는 것이 아니라 직접 와 닿아야 한다. 마음으로 와 닿는 역지사지가 사람을 성숙하게 해준다.

| 2장 |

감정회복의 물꼬를 찾다

폐쇄적인 수직구조와 성공을 위해서는 수단과 방법을 가리지 않기를 요구하는 성공지향 교육은 우리 사회의 구성원들의 마음에 거대한 '싱크홀'을 형성하는 원인이 되었다. 마음속의 상처와 불안과 분노가 해결되지 않은 채 쌓여지면 언젠가 반드시 거대한 문제가 되어 폭발한다. 분노를 드러내고 표현하고 시원하게 털어내는 '감정회복'을 통해 힘겹게 '살아남기'에서 여유롭게 '살아가기'로 마음의 패턴을 건강하게 바꾸어야 할 때다.

①

성공지향 교육이 남긴
문제에서 탈출하기

마음에 골병이 든 아이들

상담사로 일하면서 다양한 분야의 성인들도 많이 만나지만 청소년들도 많이 만나게 된다. 아직 어린 나이에 현실과 미래에 대한 고민 때문에 우울증에 빠지는 아이들, 어른들의 잘못으로 인해 잘못된 길로 빠지거나 인생에 오점을 남기는 아이들, 성공만을 지향하는 교육에서 마음이 병들어가는 아이들…. 한창 예민할 나이의 아이들에게는 공부보다도 마인드 힐링이 더 필요한 건지도 모른다.

예전에 자살 시도를 두 번이나 한 여학생을 상담한 적이 있다. 이우진(가명, 23세) 양은 첫 번째 자살 시도 때 손목을 그었고 두 번째에는 수면제를 다량 복용했다. 다행히 부모님이 빨리 발견해 병원으로 신고 가 위세척을 하고 위기를 넘겼다.

그러나 병원에서 위세척으로 깨어났을 때는 살아나서 다행이라고 생각하는 게 아니라 '차라리 높은 건물에서 떨어질 걸.'이라고 생각했다고 한다. 이 정도면 위험군에 해당된다고 봐야 한다. 또 다시 자살을 시도할 가능성이 다분했기 때문이다.

우진 양의 부모님은 "도저히 이해가 안 돼요. 우리 애가 갑자기 왜 저러는지...."라며 답답하고 속상해서 미칠 것 같다고 눈물을 흘렸다. 자식이 자살을 시도하는데 부모의 심정은 오죽할까 싶어 나도 안타까웠다.

자녀가 자신의 삶을 선택하지 못하게 하는 부모

우진 양의 부모님은 맞벌이를 했다. 그래서 우진 양은 초등학교 시절부터 학교에서 돌아오면 늘 혼자 지냈다. 밤늦게 부모님이 귀가하면 아이는 부모님 표정부터 살펴봤다. 행여 부모님이 피곤해 보이거나 짜증스러운 말투, 무심한 표정을 보이면 두려워서 말을 건네지도 못했다. 부모에게 다가가는 방법을 알지 못한 채 일찌감치 체념하였고 부모와의 대화보다 침묵이 더 익숙해진 것이다.

우진 양에게 가장 익숙한 건 외로움이었다. 혼자 방 안에서 가만히 있는 시간이 일상이 되어버렸다. 혼자 밥 차려 먹었고, 같이 놀거나 이야기를 나눌 사람도 없어서 그저 텔레비전만 보고 지냈다. 텔레비전이 유일한 친구이자 위안이었다.

언제부턴가 텔레비전에 등장하는 연기자를 보면서 자신도 말하고 싶고 표현하고 싶다는 욕구를 느꼈다. '연기자가 되면 나도 다른 사람처럼 살 수 있겠구나.' 하는 마음이 점점 열정이 되었다. 열정이 커지자 용기를 내서 부모님께 처음으로 요구라는 것을 했다.

"연극배우가 되고 싶어요. 연기학원에 다니고 싶어요."

그러나 부모님은 딸이 왜 그런 말을 하는지 전혀 이해하지 못했다.

"얘가 지금 뭐라는 거야? 연기자는 아무나 하니? 네가 연기자가 될 수 있을 만큼 예쁘기나 해? 열심히 공부해서 선생님이 되어야지! 지금 네 엄마아빠가 힘들게 일하는 것도 다 너 공부하라고 그러는 거지!"

우진 양은 더 이상 자신의 꿈을 이야기할 수 없었다. 그리고 "요즘에는 중국어를 잘 해야 한다더라. 중국에 유학을 가라." 라는 부모님 명령에 마치 등 떠밀리듯 중국 유학을 떠났다.

그러나 부모의 강요에 의해 떠난 유학이 즐거울 리 없었다. 초등학교 때부터 품었던 첫 열정이었던 배우의 꿈이 좌절된 채 본인 의지와 상관없이 의미와 목표를 잃은 중국행이었던 것이다.

생소한 문화와 언어, 생소한 사람들 틈에서 외로움은 더욱 심해졌다. 친구도 없고 스스로 원한 선택도 아니었다.

'무엇을 위해서 살아야 할까? 무엇 때문에 내가 여기 이러고 있나?'

하루하루 혼란과 고통의 시간이었다. 결국 1년을 버티다 한국에 돌아와 더 이상 살고 싶지 않다는 심정으로 우울증에 걸리고 자살을 시도하기에 이르렀다.

지금까지 인연이 닿은 내담자들 중에는 자살 시도 경험을 가진 사람들이 많이 있었다. 세 번에서 많게는 열 번 이상 자살을 시도한 사람도 있다. 성인도 있지만 청소년이나 젊은 층도 적지 않다.

자살을 시도한 적이 있는 사람들과 이야기를 나누다보면 공통적으로 나오는 말이 있다.

"한 번도 뭔가를 내 맘대로 해 본 적이 없어요."

"어렸을 때부터 늘 혼자 있었어요."

그런 이야기도 큰 목소리가 아니라 작은 목소리로 속삭이듯이 말한다. 그만큼 외로움과 고통이 절실했다는 뜻이다. 우진 양도 마찬가지였다.

자녀의 선택에 귀 기울여야 하는 이유

우진 양과 상담을 하면서 우울증과 자살시도의 원인이 꿈의 좌절에 있었음을 알게 되었다.

오래 누적된 외로움과 현실에 대한 체념도 원인이었다. 나이는 이미 스무 살이 넘었고 자신이 봐도 하루아침에 스타가 될 만한 외모도 아니었다. 간절한 꿈이 있었지만 너무 먼 이야기가 되어버렸다.

나는 고민하는 우진 양에게 이렇게 이야기해주었다.

"꼭 가수나 배우만 있을까? 좀 더 꿈을 확장해보자. 연예인이 될 수도 있지만 만약 안 되더라도 '연예계에 종사하는 사람'이 되는 건 어떨까? 영화사 관련 직업도 있고, 연예계 기자가 될 수도 있지. 중국어와 중국문화에 대한 지식을 갖게 된다면 그 또한 연예계에 필요한 사람이 될 수 있지 않을까? 연예 기획사의 중국 담당 코디네이터로도 일할 수 있을 테니까 말이야."

　이처럼 연예계 직업군을 확장하여 이야기하며 미래기법 상담을 했다. 그 순간 우진 양의 눈동자가 커지고 고개를 끄덕이며 살며시 웃기 시작했다.

　그 후 우진 양은 다시 중국에 갔다. 그러나 부모의 강요가 아닌 본인의 선택에 의해 떠났다. 그리고 지금은 스스로 앞날에 대한 목표와 꿈을 갖고 중국에서 적극적으로 잘 지내고 있다고 한다.

　우진 양은 자신의 현실과 부모의 요구 사이에서 늘 괴로워했다. 어려서부터 늘 엄마가 선택해준 것을 따르며 살았다. 단 한 번도 스스로 뭔가를 선택한 적이 없었다. 그러나 처음으로 스스로 자신의 삶을 선택한 순간부터 표정이 달라지고 의지를 갖기 시작했다.

　이것은 우리나라의 수많은 부모자식 간에 벌어지고 있는 전형적인 일이다. 자식 잘 되라는 부모 마음은 누구나 같을 것이다. 그러나 그것이 아이에게 구속과 억압이 된다면 진정한 사랑일까? 아이를 사랑하는 진정한 방법이 무엇인지 이제 부모들도 깨달았으면 좋겠다.

더 넓은 시각과 가능성을 알려주는 것

　이선영(가명, 15세) 양은 가수가 되는 게 꿈이다. 음악을 무척 좋아하고 작곡도 하고 싶어 한다.
　선영 양의 어머니는 딸이 가수가 되겠다는 말에 음악학원에 보내주었다. 하지만 불안하다고 했다. 이유는 딸에게 연예인 기질이 없는 것 같아서였다. 숫기도 별로 없고, 끼가 부족하다는 것이다.

실제로 선영 양은 사람들 앞에 나서서 노래를 하는 것을 좋아하지도 않고 말수가 많지도 않다. 뭔가를 물어보면 짧게 단답형으로 말하는 스타일이다. 매니지먼트 회사에 오디션을 간 적이 있었는데 심사위원이 "어떤 가수가 되고 싶니?"라고 물어보았을 때 말문이 막혀 대답을 잘 하지 못했다고 했다.

하지만 부모님이 권유하는 공무원 같은 일은 하고 싶지 않다고 한다. 같은 자리에서 똑같은 일을 반복하며 사는 인생은 절대 살고 싶지 않다며, 변화가 없으면 금세 싫증이 나는 성격이라고 한다.

선영 양은 꿈을 포기해야 할까? 부모님 권유대로 공무원이 되어야만 할까?

음악과 관련된 일이 꼭 무대에서 춤추고 노래하는 가수만 있는 건 아니다. 그래서 선영 양에게 이렇게 제안했다.

"노래를 하는 가수 말고 노래를 '만드는' 가수는 어때?"

그러자 "어! 좋아요!"라고 대답하며 순식간에 표정이 밝아졌다.

노래를 작곡해서 기획사에 동료나 선배들에게 줄 수도 있고, 가수와 프로듀서와 함께 일할 수도 있다. CM송 만드는 일을 할 수도 있다. 연예계와 관련된 인생이지만 무대 위에서 필요한 숫기나 끼가 없어도 작곡 실력만 있으면 될 것이다. 그러면 선영 양이 원하는 것처럼 딱딱하고 단조로운 삶이 아닌 변화무쌍한 삶을 살 수 있을 것이다. 연예인이 아니더라도 연예계라는 세상에서 사는 것이 얼마든지 가능하다.

이처럼 삶의 목표에 관해 시각을 넓히고 더 커다란 가능성에 대해 꿈꿀 수 있도록 깨우쳐주는 일도 상담에서 중요한 부분 중 하나다.

조언을 해준다는 건 뭔가 거창한 방법을 제시하는 것만은 아니다. 누구나 쉽게 알 수 있지만 정작 본인은 깨닫지 못했던 부분에 눈 뜰 수 있도록 조금 도와주는 것이다. 이 작은 도움이 내담자 당사자에게는 큰 변화가 될 수 있고 힘이 될 수도 있다.

평소 말수가 적고 내성적이었던 아이일수록 그 아이가 용기를 내서 뭔가 하고 싶다는 이야기를 하면 부모나 주변 사람이 절대로 묵살해서는 안 된다.

어른도 마찬가지다. 평소 과묵하고 침착하던 사람이 뭔가를 말하면 그 말에 누군가는 귀기울여줄 수 있어야 한다. 그런 말일수록 갑자기 하는 엉뚱한 소리가 아니라 진정성 있는 자기표현이었음을 알아주어야 한다.

[이거 알아요?]

마음속의 화를 다루는 최악의 방법 best6

1. 계속 되새기기
: 화나게 한 사건 자체를 계속 떠올리며 화의 감정에만 머무르는 것.

화났던 순간의 장면을 마치 고장 난 동영상처럼 계속 떠올리고, 그 순간의 억울함을 반추하고, "그때 왜 그랬을까?"라며 후회하고, 부정적인 감정에 머무른다. 되새기고 반추하는 것은 화의 원인을 깨닫고 문제를 해결하는 단계로 나아가지 못한 채 감정적 답보 상태에 집착하는 가장 나쁜 방법이다.

2. 남 탓하기
: 나를 화나게 한 타인의 잘못을 떠올리며 원망과 비난을 되풀이하는 것.

자기 자신을 돌아보지 않고 남을 탓하는 감정에 머무르는 것은 분노와 원망의 감정을 계속 재생산시킨다.
남을 탓하거나 탓하는 감정을 분출하기 위해 다툼과 싸움을 유발하거나 상대방에게 복수심을 갖고 해를 끼치는 말이나 행동을 하는 것은 화를 해소하는 것이 아니라 새로운 화의 감정을 발생시키는 원인이 된다.

3. 자신을 탓하기

: 모든 게 자신 때문이라며 스스로를 비난하는 것.

습관적으로 자신을 탓하는 사람들은 자신에 대한 과도하게 높은 기대치를 갖고 있기 때문인 경우가 많다. 자신을 탓하는 감정은 습관성의 경향이 강해 정작 자신의 잘못이 아닌 일에 대해서도 스스로를 탓하게 된다. 이것은 우울증과 자기혐오의 원인이 된다.
자신을 탓하는 감정적 습관은 겸손함에서 비롯되는 것이 아니라 지나친 자기중심적 사고 때문이며 문제를 해결할 수 있는 객관적인 방식과는 거리가 멀다.

4. 극단적으로 생각하기

: 화의 원인이나 현상을 실제보다 과장하거나 착각하는 습관을 갖는 것.

문제의 심각성을 실제보다 과장하거나, 일부만 가지고 전부인 양 극대화시킴으로서 분노를 더욱 확대시킨다.
(예 : 한두 명의 여성에게 거절당해 화가 남. → '이 세상 여자들은 모두 나를 싫어해.' → '나를 싫어하는 이 세상 여자들은 증오 받아 마땅해.')

혹은 객관적인 근거가 아닌 주관적인 오류와 감정의 착각에 의해 화의 감정을 스스로 부추긴다.
(예 : 사람들이 웃음을 터뜨리는 모습을 봄. → '저 사람들은 모두 나를 비웃고 있어.')

5. 다른 수단으로 회피하기

: 술이나 게임 등 다른 수단에 탐닉하며 일시적으로 감정을 잊으려 하는 것.

폭식, 과음, 게임, 약물 등의 수단을 통해 주의를 분산시키고 화의 감정에서 회피하는 것은 화가 났을 때 대부분의 사람들이 일차적으로 찾게 되는 방법이다. 그러나 일시적으로 감정을 회피할 수 있지만 궁극적인 해소 방법이 될 수 없으며 탐닉의 시간이 끝난 직후에는 우울이나 불안감을 오히려 가중시킨다.

6. 최악의 결과를 예상하기

: 최악의 결과를 자꾸 상상하며 그 상상에 스스로 압도되는 것.

화를 나게 한 사건에 머무르는 것을 넘어 그로 인한 부정적인 결과를 상상하며 병적인 걱정을 하는 것으로, 문제 해결을 위한 행동을 전혀 하지 않은 채 걱정만 하는 것이다. 최악의 결과에 대한 과도하고 부정적인 걱정은 우울감과 불안감을 더욱 왜곡 및 과장시키며 문제를 객관적으로 직시할 수 없게 만든다.

2

잘못된 부모교육이
분노의 씨앗을 싹 틔운다

아이들의 마음을 병들게 하는 것

최근 우리나라 부모들은 '헬리콥터 맘'이라고 해서 자녀가 어릴 때부터 성인이 되고 나서까지 마치 헬리콥터처럼 아이 주변을 맴돌면서 모든 것을 다 해주려고 하는 경우가 많다. 대학입시까지의 사교육을 주도하며 연예인 매니저처럼 아이의 24시간을 관리한다. 아이의 꿈과 진로, 진학하려는 학과에 대한 선택권도 전적으로 엄마에게 있다. 아이는 엄마의 선택에 따라야 한다.

그런데 이런 간섭과 구속은 청소년기에 끝나지 않는다. 아이가 성인이 되고 나서 대학에서 강의를 선택하는 문제나 학점 관리까지도 간섭한다. 부모 마음에 들지 않는 학점을 받아오면 부모가 직접 교수에게 쫓아가 항의한다. 자녀가 취직했을 때 직장에서 업무를 지시받거나 야근을 하는 문제까지도 사사건건 쫓아다니며 간섭한다. 대학 교수나 회사의 상사들은 어른이 되어서도 엄마 없이는 아무 것도 못하는 요즘 젊은이들을 보고 경악한다고 한다.

이 모든 건 오로지 점수, 대학입시, 성공만을 지향하는 교육 때문이다. 성공이라는 목적을 달성하기만 하면 다른 건 중요하지 않다고 생각하는 것이다. 극심한 경쟁에 대한 스트레스 못지않게 무서운 건 바로 자녀에 대한 부모들의 비정상적 집착과 구속이다.

그런 부모 밑에 자라난 아이는 자기 인생을 스스로 선택하고 실패를 자양분 삼아 성장하는 정상적인 어른으로서의 인성을 키울 기회를 아예 갖지 못한다. 그리고 그런 인성을 가짐으로 인해 상처받고 병드는 건 부모가 아닌 자녀 당사자다.

아이들의 마음에 분노의 씨앗을 뿌린 주범은?

우리나라에 헬리콥터 맘이 있다면 일본에는 '몬스터 페어런트'가 있다고 한다. '괴물 부모'라는 뜻인 몬스터 페어런트는 모든 것을 자기 자식 중심으로만 생각하여 학교나 사회에 비상식적인 행동을 하는 부모를 뜻한다.

몬스터 페어런트는 학교나 사회의 그 어떤 것도 자기 자식에게 불리하거나 방해가 되어서는 안 된다고 생각하고, 아무리 자녀가 잘못한 것이 있다 하더라도 "우리 애는 그런 행동을 할 아이가 아니다."라고 주장하며 다른 아이들이나 교사, 혹은 학교 측을 비난한다는 것이다. 그리고 상대방의 대처가 조금이라도 불만족스러우면 난동을 부리거나 매스컴에 제보하겠다고 협박하는 등 막무가내로 군다. 용어만 다를 뿐이지 우리나라 부모들에게서도 자주 볼 수 있는 모습이다.

'헬리콥터 맘'이건 '몬스터 페어런트'건 부모가 자녀를 과도하게 간섭하고 보호하려 드는 데서 모든 문제가 싹튼다. 한국의 헬리콥터 맘은 자녀의 성공을 위해, 일본의 몬스터 페어런트는 자녀가 편안하게 살게 하기 위해서라는 명분을 가지고 있지만 이러한 부모 교육이 자녀에게는 독이 된다.

아이들의 마인드에 이 세상에 대한 불안과 분노의 씨앗이 싹트게 만든 주범이 바로 이러한 교육을 하는 부모이기 때문이다.

부모의 통제는 분노와 불안의 자양분

부모의 지나친 기대와 보호를 받으며 성장한 아이는 정신적으로 독립하지 못한다. 부모는 희생적인 사랑이라고 생각하겠지만 부모의 지나친 기대와 열망과 간섭이 아이에게는 감옥 같은 구속이다.

아이는 아주 어릴 때부터 부모가 원하는 바에 따라 스스로의 욕구를 맞추려 하게 된다. 어린 시절에는 부모와 자녀 사이의 일체감이 높기 때문에 아이로서는 부모에게 칭찬받고 인정받을 수 있는 행동을 하려 하지만, 이것이 적절한 시기에 분리 과정을 거치지 못하면서 다양한 심리적 문제가 생긴다.

그때부터 아이는 자신의 현실과 부모가 원하는 이상 사이에서 갈등하게 된다.

부모가 원하는 바를 충족시키지 못하는 아이의 마음속에는 죄책감이 자라고, 설령 부모의 원하는 바를 충족시킨 아이라 할지라도 자기가 원해서 한 것이 아니기 때문에 마치 부모의 꼭두각시처럼 성장한다. 이렇게 자라난 아이들은 위기나 역경을 극복할 힘을 스스로 발휘해본 적이 없기 때문에 분노와 불안감이 점점 더 커지는 것이다.

또한 자식을 과도하게 구속하고 통제하는 부모의 마음속에는 자식을 독립된 인격체로 생각하고 믿기보다는 자식에 대한 불안과 불만이 이미 자리하고 있는 경우가 많다. 부모의 불안감은 자녀에게 그대로 전달되어 마음을 지배하게 된다.

그 결과 위에 소개한 여학생처럼 우울증에 시달리다 자기 자신을 공격하는 형태로 극도의 불안을 표현하기도 하고, 혹은 자기 자신이 아닌 타인이나 사회를 공격함으로써 책임을 전가하기도 한다.

스스로 일어서지 못하는 이유

이 세상의 모든 부모들은 언젠가 자식이 내 품을 떠나게 될 거라는 걸 알고 있다. 눈에 넣어도 아프지 않은 소중한 내 아이가 독립된 존재가 되어 떠난다는 것은 서운하고 슬플 수도 있지만 모든 인간이 거쳐야 할 당연한 삶의 과정이다.

하지만 이 당연한 과정을 영영 받아들이지 못하는 부모가 너무나도 많아지고 있다. 자녀를 지나치게 구속하는 부모는 자녀에게서 자기 존재감을 찾으려 든다. 그래서 자녀를 부모 없이는 아무 것도 할 수 없는 사람으로 만들고 싶어 한다. 그러한 자녀가 자기 눈앞에서 멀어지는 것을 견디지 못한다.

이런 부모 밑에 성장한 아이들은 스스로 일어설 줄을 모른다. 요즘 아이들이 참을성이 없고 위기 대응 능력이 떨어지며 모든 일에 쉽게 좌절한다고 하는 것은 결국 요즘 아이들의 문제가 아니라 아이들을 그렇게 키워낸 부모들에게 책임이 있다.

스스로 일어서는 법을 알지 못하는 아이들은 사회생활과 인간관계에서의 작은 갈등도 견디지 못한다. 결국 자신을 파괴하거나 남을 탓하며 분노하는 양극단으로 나아간다. 타인의 입장을 생각하거나 공감하여 갈등을 풀어나가는 능력이 현저히 떨어진다. 그리고 어린 시절부터 부모가 해줬던 것처럼 인생과 온 세상이 내 뜻대로 되어야만 한다고 착각한다. 그렇지 못한 현실을 마주할 수 있다는 것 자체를 받아들이지 못하는 것이다.

자식을 진정 사랑하는 부모가 해야 할 것은

화내고 분노하고 아파하고 상처받는 사람들. 그러한 마음의 뿌리는 생각보다 훨씬 깊을지도 모른다. 불편한 진실일지도 모르지만 그 뿌리부터 되돌아보아야 상처를 치유하는 것도 가능하다.

따라서 분노의 씨앗이 뿌려지지 않도록 가장 먼저 시정되어야 할 것은 부모교육이다.

자녀의 행복을 바란다면 자녀의 인생을 부모가 결정하려 하지 말고 스스로 행복을 찾을 수 있도록 해야 한다. "공무원이 되어야 한다. 의사가 되어야 한다."처럼 직업을 정해주는 건 부모의 역할이 아니다. "서울대를 가야 한다."처럼 오로지 학교가 인생의 목표가 되는 교육도 가정에서부터 전환해야 한다.

"부모는 고생했지만 너는 고생하지 마. 힘든 일 하면서 살지 마."라고 가르치는 부모가 많지만 그것은 눈치껏 적당히 이기적인 사회생활을 하라는 그릇된 가르침일 뿐이다. "고생하지 않는 것이 행복한 삶이다."라는 것이야말로 비상식적인 가치관 아닐까?

자식을 정말 사랑하는 부모라면 실수도 성공도 스스로 경험하고 책임지도록 해야 한다. 원하는 것을 하도록 믿어주고 용감한 모습은 칭찬해주고 실수하면 격려해주면 된다. 부모가 자식의 인생을 끝까지 대신 살아주기 위해 분주하게 뛰어다닐 필요가 없다.

가정에서부터 이러한 부모교육이 시작된다면 우리 아이들의 마음속에 분노와 상처가 싹틀 일도 없을 것이다. 더 건강하게 자신의 삶을 살 수 있는 성인이 될 수 있을 것이다.

③
'남 탓' 하는 의식구조의 원인은 무엇인가?

분노의 화살을 타인에게 돌리다

 소위 '갑질'을 하는 사람들의 특징 중 하나는 바로 남에게 화를 잘 낸다는 점이다. '을'의 관계에 있다고 여기는 상대방에게 폭언과 폭행을 하거나, 화풀이나 다름없는 말을 하는 것에 대해 전혀 거리낌이 없다.
 상대방을 자신과 똑같은 인격체로 생각하는 것이 아니라 함부로 화내고 상처 주어도 되는 대상으로 여긴다. 그것이 자신의 권리라고 생각하며 자신의 직분을 그렇게 이용하는 것이 당연하다고 생각하는 사람들이 너무나도 많다. 그리고 자신의 폭언이나 폭행, 그 안에 내재된 분노가 뭐가 잘못된 것인지 전혀 인지하지 못한다.
 타인에 대한 분노가 흔해진 사회가 된 것은 갑을관계에 국한되지 않는다. 성공을 위해서는 수단방법 가리지 않아도 된다는 교육, 목적을 달성하기 위해서는 과정은 어찌됐든 중요하지 않다는 사고방식이 부모교육에 의해 어렸을 때부터 체화된 채 자라난 사람들은 뭔가 문제가 생겼을 때 가장 손쉬운 해결책으로 남을 탓하거나 남에게 분노의 화살을 돌리는 방법을 찾는 경우가 많다.

떼쓰는 아이처럼 미성숙한 어른들

부모가 모든 것을 대신 해주어 성숙한 성인으로 성장하는 과정을 거치지 못한 사람들은 실패에 대한 내성도 전혀 가지고 있지 않다.

이는 마치 가지고 싶은 것을 가지지 못하면 울음을 터뜨리는 유아기의 상태를 연상케 한다. 생각보다 많은 사람들이 아직 유아기의 상태에 머무른 채 남에게 화를 낸다. 떼를 쓰는 어린아이가 그러하듯이, 뭔가 자기가 원하는 것이 충족되지 않았을 때 분노를 조절하지 못하고 욱하는 감정을 터뜨리거나 충동적인 말과 행동을 하게 되는 것이다.

이것이 바로 지금 우리 사회에 만연해 있는 '남 탓' 하는 의식구조의 일반적인 모습이다.

아이가 떼를 쓰듯 남을 탓하고 남에게 화내는 사람들은 대개 "왜 나를 인정해주지 않느냐?"는 마인드를 가지고 있다. '나는 할 만큼 했고 내 생각이 옳다, 그러니 나의 기대가 충족되지 않는다면 그것은 내 잘못이 아니라 다른 사람 탓이다.' 라는 사고방식을 갖고 있다.

이런 사람들은 실패, 좌절, 거절, 거부에 대단히 민감하게 반응한다. 실패나 거절은 모든 사람의 인생에서 누구나 겪을 수밖에 없는 경험일 뿐인데도 누군가가 자신을 탓하거나 거절하는 것을 견디지 못하고 상대방을 비난하는 것이다.

상대방을 비난하는 과정에서 대인관계의 갈등은 극대화된다. 폭언이 나오기도 하고 '홧김에' 폭력을 저지르기도 한다.

이별을 통보한 애인에게 앙심을 품고 복수심을 갖는 것으로도 모자라 폭행이나 살인까지 저지르는 젊은이들이 많아지는 것이 그 예가 될 수 있을 것이다. 친밀한 관계에 있던 사람이라도 얼마든지 헤어질 수 있다는 것, 즉 거부와 거절의 경험 자체를 전혀 받아들이지 못하는 것이다. 이런 복수심이 불특정 다수나 사회로 향하게 되어 극단적으로 분출될 경우 소위 '묻지 마' 범죄나 불특정 다수에 대한 테러 행위로 이어지기도 한다.

가짜 현실에 중독되다

온라인과 인터넷이 발달하면서 현실 세계에 뛰어들지 못하는 사람들이 많아진 것도 분노 사회의 또 하나의 일면이다.

소위 '은둔형 외톨이'라고 일컬어지는 청소년이나 젊은이들이 가장 손쉽게 도피하는 공간은 바로 가상의 공간, 즉 컴퓨터 게임이나 인터넷 속의 세상이다. 가족이나 친구와의 접촉을 피한 채 언제든지 로그인과 로그아웃이 가능한 가상현실에 들어가 현실세계에서 충족되지 못한 모든 것을 보상받으려 한다.

　가상현실 속에서 들어가기만 하면 타인과의 갈등을 풀어나갈 필요도 없고 현실에서의 스트레스나 제약도 초월할 수 있다. 그래서 자신이 전지전능한 존재가 된 것 같은 착각에 빠진다. 남이 받을 상처를 전혀 생각하지 않고 '악플'을 달며 일시적 쾌감에 도취되거나 사실이 아닌 정보를 퍼뜨리며 그것에 대해 사람들이 반응하는 것을 '관심' 혹은 '애정'이라고 느낀다.

　그러나 다시 현실로 돌아오면 달라진 것이 없기 때문에 그로 인한 불안감을 폭력적인 말과 행동으로 풀어내는 것이다.

실패와 거절도 받아들일 줄 알아야 한다

　독립된 성인이 되지 못한 니트 족(NEET : Not in education, employment or training : 학업도 취업활동도 하지 않는 상태에 있는 젊은 이들)이나 캥거루 족(캥거루가 어미의 주머니에 매달려 사는 것처럼 성인이 되어서도 독립하지 못하고 부모와 살며 부모의 경제력에 의존해 살아가는 미혼 자녀들)이 증가한 것도 같은 맥락이다.

　성인이 된 후에도 정상적인 사회생활을 하지 못한 채 아이의 상태로 살아가는 사람들은 갈등상황을 스스로 해결하는 기회를 가져보지 못한다. 더구나 가족이 해체되고 공동체가 와해된 지금의 사회에서는 부모 대신 대인관계나 인성에 대해 가르쳐줄 존재가 전무하다. 그 결과 실제적인 세상과 사회를 경험하며 성장할 수 있는 기회를 더더욱 가지지 못한다.

 실패의 경험을 받아들이지 못하고 분노를 터뜨리는 사람들의 내면에는 '모든 것이 내가 바라는 대로 이루어져야만 한다.' 라는 잘못된 믿음이 자리하고 있다.
 하지만 모든 것이 원하는 대로 이루어지는 인생이란 환상에 불과하다. 때로는 절망도 경험해야 하고 때로는 남에게 거절을 당하거나 뭔가를 잃을 수도 있으며 때로는 간절히 원하는 것을 이룰 수 없을지도 모른다. 이상과 현실 사이에 큰 차이가 있을 수 있음을 깨닫는 것. 어쩌면 이것이 인생의 본질적인 모습니다.
 '남 탓' 하고 남에게 분노하는 사람들의 깊은 병을 치유하기 위해서는 인생에서의 실패와 상실을 받아들이는 법을 먼저 가르쳐주어야 할지도 모른다.

[이거 알아요?]

분노 중독의 메커니즘 알기

분노의 감정은 제대로 해소되지 못하고 해결되지 못했을 경우 마치 중독과도 같은 현상을 불러일으킨다. 분노가 분노를 부르는 중독의 메커니즘을 형성하게 되는 것이다.

분노를 해소하는 데 실패하게 만드는 분노 중독의 메커니즘은 다음과 같은 요소로 이루어져 있다.

과거 중독

: 분노, 수치심, 억울함 등을 야기한 과거의 사건과 감정에 빠져듦으로써 과거의 기억 속에 계속 머무른다. 화는 매우 고통스러운 감정이다. 고통에서 벗어나기 위해 과거의 사건을 떠올리며 후회하는 것은 고통을 오히려 증폭시킨다.

증오 중독

: 타인을 공격하는 데서 에너지를 얻으려 하는 것이다. 화의 원인이 되는 타인, 혹은 가해자에 대한 증오에 중독되면 외부의 모든 일이나 사람에 대한 공격성이 증가할뿐더러 사건의 본질을 보지 못하고 가해자 중심의 사고방식을 갖게 된다. 타인에 대한 증오로 인해 자기 자신을 돌보지 못하는 것이다. 증오와 비난은 부정적 에너지원이 될 수는 있으나 결국 자존감을 잃게 한다.

복수심 중독

: 화의 에너지를 복수심으로 변환시키는 것이다. 복수심은 타인에게 상처를 되돌려줌으로써 자신의 상처를 치료하고자 하는 욕구이다. 그러나 자신을 치료하는 것이 아니라 타인에게 되갚아준다는 데 목적이 있기 때문에 문제의 본질을 놓치게 만든다. 또한 복수심에 중독되면 가해자 당사자가 아니라 전혀 상관없는 사람들에 대해서도 복수를 하려는 인지적 오류를 범하기도 한다.

자책 중독

: 화의 감정에는 기본적으로 자기 자신에 대한 자책감과 수치심이 내재되어 있다. 트라우마를 유발하는 원인(예 : 큰 사고, 성폭행 등)에 대해 자기 탓이라고 생각하면서 무력감에 빠지고 자신을 탓하는 것이다. 그러나 자책과 무력감에 중독되면 그것을 자신의 정체성으로 착각하게 되어 더 큰 무력감과 우울감에 빠지게 된다.

수직사회는 분노의
압력밥솥이다

터지기 일보 직전의 분노사회

　아직까지 한국사회는 경직된 수직관계가 주를 이루는 수직사회라 할 수 있다.
　사람이 자신의 능력과 창의성, 그리고 개성을 자유롭게 펼치려면 수평적 구조를 가지고 있는 열린 사회('openness' : 진정성 있는, 들어주는, 받아들이는 문화)가 전제되어 있어야 한다.
　반면 모든 수직관계는 사람을 주눅 들게 한다. 아무리 재능이 뛰어나고 능력이 탁월한 사람도 주눅이 들면 제대로 능력을 발휘하지 못하게 되어 있다. 지금 한국 사회를 지배하고 있는 조직문화, 학교에, 직장에, 군부대에, 공직사회에 존재하는 철저한 수직구조의 조직사회는 마치 터지기 일보 직전인 분노의 압력밥솥이나 마찬가지이다.

예전에 한 회사의 워크숍에 강사로 다녀온 적이 있다. '나를 찾는 여행' 이라는 주제로 미술을 통한 무의식을 탐색하는 시간이었다.

그런데 한 직원의 그림이 내내 마음에 걸렸다. 그 사람의 그림은 빨간색과 검은색이 전부였고 선이 뾰족하며 공격적이고 폭력적이었다.

그런 그림을 그린 이유를 알게 된 것은 스토리텔링 시간이었다. 그 사람은 몇 년 전 군대에서 병장에게 성폭력을 당했다고 한다. 그때 받은 상처와 분노가 해소되지 않은 채 마음에 남아있었다. 그리고 세월이 한참 흐른 후에도 그의 내면에는 아무도 알지 못할 외로운 괴물이 상처를 치료받지 못한 상태로 계속 자라고 있었던 것이다.

병든 수직사회가 분노라는 괴물을 키운다

한국사회에서 수직적 조직문화의 가장 극명한 모습을 보여주는 곳 중 하나가 바로 군대일 것이다. 우리나라에서 군대문화라는 것은 학교나 직장에도 가장 큰 영향을 끼치고 있다고 해도 과언이 아니다.

지난 10년 간 군대 내에서의 자살이 계속 증가 추세에 있다는 신문기사를 본 적이 있다. 통계에 의하면 2009년 81건, 2011년 101건 등 군대 내 사망사건 중 자살로 사망하는 비율이 줄곧 50%를 넘어서고 있다고 한다.

국방의 의무를 다하기 위해 군대에 들어간 평범한 젊은이들을 자살에 이르게 한 것은 무엇인가? 증가하는 자살률 수치는 개인의 문제라고 치부하기에는 이미 도를 넘어섰다. 그 원인을 제대로 진단해야 한다.

그러나 군대 내 가혹행위에 대한 진상 규명은 제대로 이루어지지 않은 채, 막상 총기난사 사건 같은 큰 사건이 벌어지기 전까지는 곪은 곳을 찾아내려는 노력을 하지 않고 있다. 무엇이 그들을 분노에 이르게 했는지 들여다보고 해결하려 하지 않은 채 말이다.

한 번은 휴가를 나온 20대 초반의 군인이 상담을 하러 온 적이 있다. 그는 며칠 후에 있을 자대 복귀가 두렵다고 호소했다. 아토피 피부질환을 앓고 있는 그는 "병신아, 긁지 마, 더러워."와 같은 모욕적인 언어폭행을 당하고 있었을 뿐더러 목소리가 작거나 말투가 마음에 안 든다는 이유로 상병과 병장 3명으로부터 지속적인 폭행을 당하고 있었다.

그러나 군대 내 폭력의 피해자였던 그는 폭행당하는 것보다 더 두려운 것이 있다고 했다. 자신이 언젠가 그들을 죽이게 될까 봐 두렵다는 것이다. 심리극을 진행하면서 그의 억눌린 분노를 찾도록 하였다. 다행히 분노의 감정을 게워내는 해소 과정을 거친 후 자대에 복귀한 그에게 극단적인 일은 발생하지 않았다.

수직사회가 개인에게 가하는 잔인함

오래 전 군대에서 당했던 성폭력의 상처를 고스란히 안고 있는 회사원, 자대 복귀에 공포를 느낄 정도로 잔인한 폭력에 시달리고 있던 앳된 군인…. 그들을 상담하면서 마치 내 동생이나 가족의 일인 듯 가슴이 아팠다. 사람이 어떻게 이렇게까지 잔인할 수 있을까? 가해자들로 하여금 잔인한 행동을 통해 쾌감을 느끼며 즐기도록 한 것은 무엇이었을까?

또 피해자들은 얼마나 고통스러웠을까? 차라리 얼마나 죽고 싶었을까? 그리고 지금 이 순간에도 얼마나 많은 군인들이 말 못할 고통을 참고 있을까? 얼마나 많은 아들 가진 부모들이 가슴 졸여야 할까?

단지 군대만의 문제가 아니다. 군대나 학교처럼 폐쇄된 조직의 수직적 문화 속에서 점점 잔인해지고 교묘해지는 폭력성을 개선시키고 사라지게 한다는 것은 굉장히 어려운 문제일 것이다. 너무나도 조직적으로 퍼져 있고 만성화되어 있기 때문이다.

피해병사는 군대에만 있지 않다

군대를 예로 들기는 했지만 이는 곧 대한민국 사회 전체의 문제다.

군대의 피해병사 문제도 꼭 군대에 국한된 문제는 아니다. 예를 들어 연예계와 엔터테인먼트 분야도 군대와 다름 없는 고통의 구조와 연결고리를 가지고 있다. 아이돌 스타가 되기 위해 기나긴 연습생 시기를 거쳐 낙타가 바늘구멍을 통과하는 고통의 시간을 견뎌야 하는 아이들이 대표적인 예다.

개성이 강하고 성공에 대한 열망 또한 강한 이 아이들 중에는 어른들이 관심을 가져야만 하는 개개인이 분명히 존재한다. 체계적인 감정 및 심리 관리 여부가 성공의 성패를 가른다고 해도 과언이 아니다.

폐쇄된 수직사회의 폐단을 잘 보여주는 또 하나의 예가 소위 '관피아'다. 마피아 조직세계나 다름없는 구조와 문화가 한국 사회 전반에 너무나도 깊고 넓게 퍼져 있다.

관피아는 조직이 위기에 닥치면 문제를 끄집어내서 해결하는 것이 아니라 뒤에서 눈치를 보며 덮기 급급하다. 대한민국 전체에 슬픔과 충격을 안겨 준 세월호 참사도 그 깊은 근원에는 관피아가 있었다. 역시 수직적 조직문화가 빚어낸 또 하나의 끔찍한 결과다.

내버려둔 분노는 반드시 폭발한다

군대 내 자살률이 증가하고 가혹행위의 정도가 심해지고 심지어 피해자의 분노가 폭발한 총기 난사 사건이 발생하여 무고한 희생자가 나오기까지의 과정은 문제의 핵심을 해결하지 않고 방치할 때 어떤 일이 벌어질 수 있는지를 잘 보여준다.

분노를 방치하고, 방치되어 곪은 분노가 마침내 엄청난 파괴력을 갖고 폭발이 되게 하는 방법은 아주 간단하다. 감추고, 덮어두고, 아니라고 하는 것이다. 그리고 시간을 오래 끌어 장기화시키는 것이다. 감춰두고 덮어두는 시간이 오래되면 될수록 어느 한 순간 터지는 파괴력은 더욱 강력해진다. 주변에도 영향을 크게 미쳐 더 많은 사람들에게 상처를 주게 되어 있다. 그것을 수습하려면 어디서부터 손을 대야 할지 막막할 것이다. 막막하다는 이유로 또 다시 덮어두고 내버려둔다.

이것이 모든 수직적 조직사회에서 고질적인 문제가 되풀이되는 과정이다. 고질적인 문제를 해결하려면 덮어둔 기간만큼 시간이 오래 걸릴 것이다. 지금 한국사회의 관피아 문제, 조직사회의 문제, 군부대에서 벌어지는 문제, 학교에서 벌어지는 폭력의 문제들은 이제까지 쉬쉬하고 내버려두는 조직문화에 의해 한 번도 제대로 해결되지 못했다. 그러나 해결하지 않고 쉬쉬하는 한 자살자는 매년 계속 늘어날 것이고 조직에서 상처 받고 분노하는 피해자들도 계속 발생할 것이다.

불편한 진실을 오픈하는 용기

물은 위에서 아래로 흐른다고 했다. 또한 인간은 환경적 동물이다. 인간에게만 있는 '학습심리'라는 것이 바로 그 예다.

인간은 어떤 환경에서 어떤 모습을 보고 자랐느냐에 따라 정서가 전이된다. 군대는 명령하고, 권위적이고, 타인의 말을 듣지 않고 행하는 문화다. 이 극단적인 구조 속에서 만성적으로 쌓여온 문제를 해결하기 위해서는 이제는 오픈할 필요가 있다.

아이에게 문제가 있다며 상담센터에 데리고 오는 부모들을 보면 십중팔구 그 아이의 문제보다는 부모의 문제가 함께 얽혀 있다. 그리고 그 부모의 문제는 그 위의 부모의 문제와도 겹쳐 있다.

그런 것처럼 군대를 비롯한 수직적 조직사회에서 벌어지는 수많은 문제들은 어느 한 병사, 어느 한 조직원의 문제는 아니다. 여러 세대에 걸쳐 누적되고 겹쳐져 있는 문제다.

그러므로 수직사회의 문제를 풀어내기 위해서는 이제는 오픈되어야 한다. 오픈시키고 들여다보고 경청해야 한다. 문제를 정면으로 해결하는 사람, 위기에 뛰어들어 책임지는 사람을 인정해주어야 한다. 그래야 더 많은 사람에게 주인의식이 생긴다. 상사가 책임을 기꺼이 질 수 있어야 부하도 똑같은 세포 재생을 하게 된다.

불편한 진실을 들여다보고 들어주고 캐낼 수 있는 용기를 누군가는 내야 할 것이다. 그리고 이런 과정이 물꼬가 트여야 앞으로 발생할 더 큰 끔찍한 문제들을 미연에 방지할 수 있다.

5

마음속의 거대한 '싱크홀'

정기적인 마음검사가 필요한 이유

요즘 도시 곳곳에서 땅이 갑자기 꺼지는 싱크홀에 대한 소식이 들려오고 있다. 잦은 공사와 노후한 수도시설 때문이라고 한다.

차를 타고 가거나 걸어가다가 아무 예고 없이 땅이 푹 꺼진다면 그것만큼 황당하고 무서운 일이 어디 있을까? 작은 구멍이라 부상 정도로 끝나면 다행이지만 구멍의 규모가 클 경우 사람이 죽는 큰 사고가 일어날 수도 있으니 더욱 걱정이다.

겉으로는 높은 빌딩숲이 솟아 있는 화려하고 발달된 도시로 보이겠지만 땅 밑으로는 군데군데 구멍이 나 있고 녹이 슬어 있는 것이다. 보이지 않는 땅 밑에서 어떤 일이 벌어지고 있는지를 정기적으로 검사하고 보수하지 않으면 앞으로도 계속해서 사고가 일어날 수밖에 없을 것이다.

도시의 땅 밑이 그런 것처럼 사람도 정기적인 마음검사가 필요하다.

마음이 울적하거나 우울증이 있는 사람도 당연히 검사를 하고 돌봐야 하겠지만, 겉으로 볼 때 쾌활한 사람, 성격 좋다는 소리 들으며 밝게 웃는 사람, 정신없이 사는 사람들이야말로 필히 마음검사를 스스로 해야 한다. 밝고 괜찮아 보이는 사람들도 알고 보면 마음속 깊은 곳 군데군데에 구멍이 있을지도 모르기 때문이다. 그걸 방치하는 순간부터 구멍의 지름은 더 커지고 구멍의 숫자도 많아진다. 그리고 어느 순간 푹 꺼지면서 거대한 구멍의 실체를 드러낸다.

마음속 구멍을 들락거리는 바람소리

사람은 저마다 가지고 태어난 성향과 기질이라는 것이 있다. 그런데 자기 마음을 들여다보지 않고 가면을 쓰고 살아가다 보면 곳곳에 구멍이 생긴다. 구멍 사이에서 미세한 서러운 바람이 들어왔다 나갔다를 반복한다. 그동안 만난 수많은 내담자들 중에는 사회적으로 성공가도를 달려온 사람들도 많았다. 하나의 목표를 가지고 열악한 환경에도 불구하고 근성 하나로 달려온 사람들이다. 노력과 근성 덕분에 성공이라는 선물을 얻을 수 있었다.

하지만 성공한 뒤에 자기 인생을 뒤돌아보니 주변에 마음을 주고 믿을 만한 사람은 없더라는 이야기를 많이 한다. 어떻게든 그 사람의 덕을 보려고 겉으로 잘 보이는 사람들은 많지만 마음을 터놓을 수 있는 사람은 거의 없다고 한다.

가진 것도 많고 이룬 것도 분명 있는데 이상하게 허하고 공허한 심정이라고 하는 사람들이 점점 많아지고 있다. 그건 그동안 살면서 자신의 마음속 구멍을 돌아보지 않았기 때문이다. 마음의 내공이 단단하지 못하기 때문이고, 남에게 잘 보이기 위한 인위적인 가식이 만들어낸 고통 때문이다.

"나 괜찮지 않아!"라고 말하라

왜 성격 좋다는 말이 들어야만 안심이 될까?
왜 나의 마음이 아닌 남의 말을 의식하며 살까?
왜 무조건 괜찮다고만 할까?
혹시 "나는 괜찮지 않습니다!"라고 솔직히 외쳐본 적은 단 한 번이라도 있는가?

혹시 내 마음속에서 아주 작은 구멍이 하나라도 느껴진다면 그 느낌을 절대 무시하지 말아야 한다. "난 괜찮아."가 아니라 오히려 "난 괜찮지 않아."라고도 말할 수 있어야 한다.

내 마음속의 구멍을 무시한 채 겉으로만 애써 웃으며 "난 괜찮아."라고 말하면 자기도 모르는 사이에 싱크홀이 수만 개 만들어져버릴 수도 있다. 마음속이 구멍투성이가 될지도 모른다. 그러다 한꺼번에 무너지며 큰 사고가 날 수도 있다.

  마음속의 고통, 억울함, 서러움이 더 이상 짙어지지 않도록, 마음의 구멍이 더 크고 깊어지지 않도록 예방해야 한다. 믿을 수 있는 곳 혹은 믿을 수 있는 사람 앞에서 속 시원하게 게워낼 수 있는 계기가 누구나 반드시 필요하다.

[그게 가능해?]

분노를 조절하고 다룰 수 있는 5가지 법칙

1. 초점을 과거에서 현재로 바꾸기
: 과거의 그 일 때문에 화가 난다면?
→ 그 사건으로 인한 실패나 분노는 현재의 문제 해결을 위한 새로운 출발점이다.

2. 감정을 스스로에게 설명하기
: 화가 나는 감정 때문에 고통스럽다면?
→ '지금 내가 이러이러한 일 때문에 혹은 누구누구 때문에 화나는 감정을 느끼고 있다.' 라고 스스로에게 설명을 한다. 감정에서 빠져나와 감정을 느끼는 자기 자신을 객관적으로 바라본다.

3. 대상을 향한 비난을 중립적으로 바꾸기
: '~ 때문에' 화가 난다면?
→ '때문에' 를 삭제하고 '나는 화가 나는 감정 상태이다.' 라고 직시하는 것만으로도 변화가 시작된다. 타인이나 자신을 비난하는 것은 관계를 망치거나 자신을 망치는 첫 번째 지름길일 뿐이다.

4. 감정의 인과과정을 표현해보기
: 화나는 감정을 폭발시키고 싶다면?

→ 화나는 감정으로 인한 말이나 행동을 날 것 그대로 분출시키는 것이 아니라 그 과정을 표현하고 설명해본다. '내가 지금 화가 나는 이유는 어제 그 사람이 사실과 다른 말을 했기 때문이다.' 와 같이 먼저 스스로에게 설명한 후, 분노를 유발한 당사자(동료, 가족 등)에게 표현을 시도한다. 물론 상대방이 나의 표현을 전혀 받아들이지 못할지도 모르고 소통이 원활하지 못할 수도 있다. 그러나 감정의 인과과정을 스스로에게 그리고 상대방에게 자꾸 표현하는 시도 자체가 분노 조절의 첫걸음이 될 수 있다.

5. 감정의 물타기하지 않기
: 화나는 감정이 엉뚱한 곳을 향한다면?
→ 본질과 상관없는 다른 사건에 대해 화를 내거나, 지금의 사건이 아닌 과거의 다른 사건을 들추거나, 당사자가 아닌 다른 사람에게 화를 내는 감정의 '물타기'는 새로운 분노의 감정을 불러일으키는 원인을 제공할 뿐이다. 그럴 때는 장소를 바꾸거나 언쟁을 잠시 중단함으로써 그 사건과 상대방 자체에만 집중할 수 있는 기회를 다시 만드는 것도 방법이다.

6

'해소' 가 되어야
'해결' 이 된다

■

'미친여자' = '미친' + '여자'

　나는 심리학을 책으로 배우기 전에 몸으로, 영혼으로 익혔다. 아역배우로 사회생활을 일찍 시작하고 고등학교와 대학교에서 연극을 전공할 때만 해도 내가 기업체 강사, 심리상담사가 직업이 될 줄은 상상도 안 해봤다.

　처음 연극무대에서 맡았던 역은 '미친여자' 였다. 그땐 어린 마음에 화가 났다. '내가 미친 사람처럼 보였나? 예쁜 역을 안 주고 왜 하필 미친여자야!' 했었다. 한 번도 미쳐본 적이 없어서 어떻게 해야 할지 막막했다. 일단 '미친' 이라는 단어 때문에 역할에 애정이 생기지도 않았다. '미친여자' 라는 네 글자가 너무 싫었다.

　그런데 가만히 그 네 글자를 쳐다보고 있다가 문득 깨달았다. 띄어쓰기를 하지 않고 '미친여자' 를 한 단어로 보고만 있다는 걸 알았다. 그때 뭔가 뒤통수를 치는 기분이 들었다. 다시 단어를 떼어서 보았다. '미친,여자' 그리고 두 단어를 각각 다른 종이에 적었다. 오른 손에는 '미친', 왼손에는 '여자' 라는 종이를 얹었다.

'둘 중에 어떤 게 먼저지?'

당연히 '여자' 였다. 나는 여자로 태어났으니까. '여자' 다음이 '미친' 이었다.

'아! 여자가 태어나서 살다가 미친 거지. 왜? 무슨 일이 있어서?'

'여자' 와 '미친' 사이에는 '왜' 라는 의문을 불러일으키는 사건이 있는 것이다. 그때부터 내가 맡은 배역에 대해 안쓰럽다는 느낌이 들면서 정이 스미기 시작했다.

배우들은 배역을 맡으면 대사만 외우는 것이 아니다. 그 배역의 역사를 연구하며 대사에 타당성을 입혀서 영혼이 깃든 연기를 하는 것이다. 나는 그때부터 사람에 대해 겉모습만 보고 판단하지 않는 습관이 생겼다. 이 깨달음은 상담에도 큰 도움을 준다.

나는 지금도 사람의 유형을 판단하는 여러 체크리스트에 많은 의미를 두진 않는다. 타고난 유형이나 기질도 중요하지만 그보다 더 들여다봐야 할 것은 그 사람이 어떤 일을 겪게 되었으며 겪은 후에 그 일에 대해서 주변으로부터 지지를 얻었느냐, 아니면 홀로 끙끙 앓고 속에 담고 살아야만 했느냐이다.

누구나 다 미칠 수 있다. 누구나 다 어리석을 수 있다. 누가 알아주지 않고, 진심을 다했는데 몰라주면, 누구나 다 미치고 어리석어진다.

'피에로 인생'을 사는 사람들

나는 연극영화를 전공하고 연기생활을 했으며 연예기획사 일도 했었다. 때문에 나를 찾아오는 내담자들 중에는 연예인이나 연예인 지망생, 예술계통 종사자들도 많은 편이다.

나 자신이 그 현장에 있어봤기 때문에 그들이 무엇을 힘들어하는지 손바닥 들여다보듯이 잘 알고 있다. 연예계 현장에 있어보지 않은 사람은 절대 알 수 없는 일들도 훤히 알고 있다. 그래서 그들이 겪는 어려움이 마치 내 일처럼 느껴질 때가 많다.

연예계 생활은 다른 직업이나 조직에 비해서 스트레스와 불안이 높을 수밖에 없다. 타인의 의한 삶을 살기 때문이다.

원래 대중은 자기가 보고 싶은 대로 보려는 심리가 있다. 아무리 노력해도 대중은 대중의 가치관으로 쉽게 판단을 한다. 그래서 연예인들은 타인이 나를 어떤 시각으로 바라보느냐에 대단히 집착하게 된다. 때문에 대중이 장난으로 단 악플 하나가 그 사람에게는 삶을 포기하는 원인이 될 수도 있다.

연예인 혹은 연예인 지망생들은 남에게 자신을 들키지 말아야 한다는 강박이 일반인보다 심하다. 물론 자신의 속을 감추고 싶은 강박은 누구나 있지만 연예인은 특히 타인의 시선과 타인의 선택이 자신의 성공을 결정짓기 때문에 더욱 심할 수밖에 없다.

알려지고 성공을 한 사람들은 그래서 자유가 없다. 사소하고 당연한 일로 비난을 받기도 한다. 부와 환희의 순간을 갖는 대가는 잔인하다. 그래서 외로울 수밖에 없다. 세상이 모르도록 자기 마음을 감추며 살아 갈 수밖에 없다. 믿을 사람도 없고, 알지도 못하는 수많은 사람들에게서 비난을 받는다. 문을 열고 집 밖으로 나가자마자 어디서 날아오는지도 모를 독이 든 화살이 사방에서 날아와 죽을 것만 같은 기분이다.

웃고 싶지 않은데도 웃어야 하고 괜찮지 않은데도 괜찮은 척해야 한다. 자존심 상해도 화내면 안 된다. 아무렇지 않은 척, 성격 좋은 척을 해야 한다. 웃으며 인사를 하지만 돌아서자마자 바로 처절하게 무너지는 표정과 몸짓이 나온다. 남에게 웃음을 주기 위해 자기 표정을 감추며 사는 피에로 인생이나 마찬가지다.

그러한 사회생활과 대인관계를 견뎌야 하는 사람들이 단지 연예인만은 아닐 것이다.

말하지 못하는 고통은 마음의 병을 키운다

언제 어디를 가도 남들의 시선이 자신을 감시하고 남들에 의해 사진이 찍히는 순간순간을 산다고 상상해 보자. 처음에는 우월한 기분도 들고 성공한 것 같은 기분을 만끽할 수 있을지도 모른다.

하지만 그런 일상이 3개월 이상 반복되고 나서도 여전히 행복하고 우쭐할까?

남에게 알려진 인생을 살면 일상이 행복하기가 힘들다. 자신을 내보이고 싶지 않은 찰나까지 신문지상에 올라가며 세상 사람들이 그것만 가지고 나를 판단한다면 얼마나 억울하고 얼마나 하고픈 말이 많을까?

연예인이나 연예인 지망생 중에는 가정환경이 불우하거나 슬픈 가족사를 가진 사람도 의외로 많다. 소년소녀 가장으로 살면서 어려서부터 힘든 것을 의연하게 견디며 살아야 했던 사람들도 있다. 억울함이나 서러움이 없을 수가 없다.

그런데 이토록 힘이 들어도 상담을 받으러 가기 망설이는 경우가 많다. 아무리 비밀이 보장되는 상담이라 해도 차마 남에게 쉽게 말할 수 없는 일들도 많기 때문이다. 수치스러운 성희롱 문제 같은 현실적인 불편한 진실을 상담자에게 있는 그대로 털어놓기란 쉽지가 않을 것이다. 그래서 막상 용기 내어 상담을 하러 가서도 진짜 속상한 것을 제대로 말하지 못하고 돌아오기도 한다.

현실적 어려움이 가중시키는 마음의 우울

연예인뿐만 아니라 다양한 분야의 연예계 종사자들, 나아가 문화예술 관련 계통, 공연계나 미술계에도 마음이 힘든 사람들은 대단히 많다.

요즘 불거지고 있는 젊은이들의 '열정페이' 문제에서 알 수 있듯이 열악한 환경에서 형편없는 급여를 받으면서 참고 일하는 사람들의 경우 더 마음이 힘들 것이다.

억울하고 미칠 노릇이 아닐 수 없다. 처음엔 스스로 좋아서 시작한 일이었을 것이다. 고생을 하더라도 미치도록 좋아서 시작한 일이고 일에 대한 보람만으로 현실적인 어려움을 견디는 문화계의 숨은 일꾼들이 얼마나 많은지 모른다.

그렇다고 그들이 터무니없이 많은 보수를 바라는 것도 아니다. 사람으로서의 기본 생계라도 유지할 수 있도록 해줘야 하는데 그런 기본조차도 이루어지지 못하는 게 우리나라 문화예술계의 현실이다.

문화산업에 종사하는 모든 사람들은 그래서 고통스럽다. 배우나 가수는 물론이고 제작 스탭, 기획사나 방송국 종사자 등 문화산업에 종사하는 모든 사람들이 당장 문제 해결까지는 아니더라도 최소한 마음속의 답답함과 고통스러움을 '해소'라도 할 수 있어야 하는데 그러지 못하고 있다. 이런 현실이 개개인에게 우울을 가져온다. 생활고를 견디다 못해 자살을 하는 사람들이 속출하는 이유다.

그런 소식을 접할 때마다 속에서부터 끓어오르는 답답함과 억울함과 비참함으로 인해 나 역시 며칠씩 마음이 힘들어지곤 한다. 그들에게 왜 죽음을 택했냐고 탓하기 전에 문화산업의 관행부터 근본적으로 바뀌었으면 하는 바램이다.

가장 필요한 안전복지는 감정회복이다

이해하기 쉽도록 연예인이나 문화예술계의 예를 들긴 했지만 이것이 꼭 특정 직업군의 문제는 아닐 것이다. 회사, 학교, 군대를 포함해 어떠한 직업군에 종사하더라도 마음의 구멍을 점검하고 들여다보는 정서치유가 우선적이고 지속적으로 이루어져야 한다.

마음의 치유가 적절히 이루어지지 않으면 사람의 마음은 일탈에 쉽게 빠져든다. 우울증, 조울증, 공황장애, 중독, 잠적, 왕따, 자살 같은 각종 마음병 및 사건사고로 이어지게 된다.

그러면 억울하고 불안하고 답답한 심정을 어디에다 하소연해야 할까?

하고 싶은 얘기를 하지 못하고 사는 게 얼마나 고통스러운지는 겪어본 사람만이 안다. 힘들고 서러운 마음을 털어놓고 싶은데 어디 가서 어떻게 상담을 받아야 하는지 막막하게 느끼는 사람들이 부쩍 많아지고 있는 현실이다. 어쩌면 요즘의 우리 모두가 갖고 있는 문제일지도 모른다.

분노를 완전히 해결은 못하더라도 때때로 터뜨리기라도 해야 계속 살아갈 수 있고 버틸 수 있고 미래의 성공을 소망할 수 있다. 시원하게 욕이라고 하고, 울고 싶으면 울기라도 해야 한다. 자기 속을 털어놓되 비밀이 보장되고 믿을 수 있는 장소와 기회가 대폭 마련되어야 한다.

사람의 삶을 윤택하게 하는 복지에는 여러 종류가 있겠지만 금전적 부분이 아닌 심리적 문제에 대한 복지도 마련되어야 한다.

누구나 심리적으로 안전하게 살 수 있게 하는 복지정책이 필요하다. 그 역할을 할 수 있는 것이 바로 상담이다. 마인드힐링의 기회를 누구나 보편적으로 경험할 수 있는 사회적, 인식적 환경이 지금부터라도 만들어져야만 할 것이다.

아하! 그렇구나

분노감정을 타인에게 효과적으로 전달하는 5가지 비결

타인으로 인해서, 혹은 타인이 유발한 어떤 사건으로 인해 화가 났을 때는 상대방과 어떻게 의사소통을 하느냐에 따라 문제가 해결될 수도 있고 오히려 문제를 확대시킬 수도 있다. 타인으로 인한 분노의 감정을 잘 전달한다는 것은 그 사람에게 화를 내는 것과는 다르다. 분노감정을 효과적으로 전달하기 위해서는 다음과 같은 점들을 먼저 알아두어야 한다.

1. 분출 ≠ 전달
: 분노감정을 분출하는 것과 전달하는 것을 동일시하는 습관에서 벗어나라.

인간관계에서 가장 주된 갈등은 자신의 분노감정을 남에게 일방적으로 해소하려고 할 때 빚어진다.
타인에 대한 화풀이는 다시 자신에게 되돌아와 문제의 본질에서 점점 멀어지게 할 뿐이다. 화를 폭발시키려 하기 전에 화가 나는 원인에 대해 어떤 내용을 전달하고 싶은지를 스스로 먼저 정리해두어야 한다.

2. 비언어적 메시지(×), 언어적 메시지(○)
: 비언어적 메시지가 아닌 언어적 메시지를 전달하라.

사람은 언어적 메시지보다 비언어적 메시지(목소리, 표정, 태도, 말투, 눈빛 등)에 일차적으로 주목한다. 특히 타인의 위협적이거나 적대적인 비언어적 메시지에 대해 방어적으로 대하려는 본능을 가지고 있다.

화를 내는 표정이나 말투를 동반한 표현은 메시지의 본질이 아닌 형식에만 집중하게 만든다. 따라서 효과적으로 소통을 하고 싶다면 격앙된 감정 상태의 표정이나 말투를 그대로 전달하는 것이 아니라, 감정이 잦아든 상태에서 언어적 메시지에 주목할 수 있도록 해야 한다.

3. You-message(×), I-message(○)
: '너 전달법'이 아닌 '나 전달법'의 방식을 사용하라.

분노감정을 전달할 때는 "네가 이러이러한 잘못을 했기 때문이다."와 같은 '너 전달법(You-message)'이 아닌 '나'를 주어로 하는 '나 전달법(I-message)' 즉 "나는 이러이러한 일 때문에 화가 났다."와 같은 방식으로 전달하는 것이 효과적이다. 분노감정의 무게를 상대방에게 두는 '너 전달법'은 상대방으로 하여금 방어적 태도를 갖게 만들지만, 감정의 주체를 나에게 두는 '나 전달법'은 방어적 긴장을 한 단계 누그러뜨리는 작용을 하므로 좀 더 효과적으로 분노감정을 전달할 수 있다.

4. 추상적 감정(×), 구체적 사실(○)
: 상대방에게 원하는 것이 정확히 무엇인지를 구체적으로 이야기하라.

'화가 난다.' '마음에 들지 않는다.'와 같은 감정만 표현하는 것은 앞으로의 문제 해결에 도움이 되지 않는다. 똑같은 문제가 재발하지 않도록 하기 위해서는 내가 상대방에게 화가 난 원인이 무엇이며 정확히 어떤 점을 개선시켜주었으면 좋겠는지에 대해 구체적으로 전달할 수 있어야 한다.
"그런 말은 하지 말아줬으면 좋겠다." "시간약속을 지키지 않아 화가 난 것이므로 다음에는 꼭 지켜주기 바란다." "아까와 같은 행동으로 인해 내가 모욕감이 들어서 화가 난 것이므로 그와 같은 행동이나 말은 되풀이하지 말아 달라."와 같이 분노감정의 원인 및 바라는 점을 구체적으로 이야기할 수 있어야 한다.

5. 일방적(×), 상호적(○)
: 일방적 전달이 아닌 쌍방적 및 상호적 의사소통을 시도하라.

자신의 분노감정을 효과적으로 전달하고 상대방과 새로운 갈등을 야기하지 않으려면 내 감정을 일방적으로 전달하는 것만으로는 부족하다. 나 역시 상대방의 입장과 감정을 이해한다는 점을 명확히 알려야 쌍방 간의 역지사지의 공감이 시작될 수 있다. 내가 화가 난 만큼 상대방 역시 내가 몰랐던 원인으로 인해 화가 났을 수 있다는 점을 인지하고, 상대방의 입장을 이해할 준비가 되어 있음을 먼저 충분히 설명해야 한다. 내 감정만을 토로하는 것이 아니라 상대방을 이해할 준비가 되어 있음을 알릴 때 상대방도 적대감이나 심리적 방어의 벽을 풀고 자신의 입장을 전달할 수 있다.

⑦ 내 분노감정의 무게는 **얼마인가?**

'마음 숨'이 막히면 무서운 병이 된다

'숨 막힌다'는 말이 있다.
"숨 막혀 죽을 것 같아."
"숨 막히는 고통!"
이런 표현속의 숨 막힌다는 말은 정확히 말해 '마음 숨'이 막혀버린 것이다.
마음 숨이 막혀서 나타나는 증상 중 하나가 공황장애다. 숨을 못 쉬어 죽을 것만 같은 느낌이 반복되면서 진짜 그렇다고 믿게 되는 것이다.

숨이 막혀 금방이라도 죽을 것만 같다는 불안이 확신으로 가는 동안 우리 몸에서 실제로 에너지와 영양분이 소멸된다. 마음의 병이 몸의 병이 된다.

죽을 것 같다는 부정적인 생각은 왜 드는 것일까?

가장 주된 원인은 억울함 때문이다. '분함' 도 억울함이 낳은 감정이다. 억울함은 서러움으로 바뀌고, 서러움은 '나는 쓸모없는 인간이야.' 라는 확신을 준다. 그러므로 마음 숨이 막히는 증상은 암 같은 신체적 질병 못지않은 무서운 병이다.

공황장애 환자가 늘고 있다

겉으로 보기에 활발한 성격을 가지고 있는 연예인들 중에도 공황장애를 오래 앓고 있는 사람이 많다. 요즘에는 평범하고 멀쩡해 보이는 직장인이나 일반인들 중에도 공황장애 환자가 의외로 많고 그 숫자가 증가하고 있다.

얼마 전 자살한 할리우드 배우 로빈 윌리엄스는 생전에 유쾌한 배우의 대명사와도 같았지만 사실은 만성 우울증 환자였다.

성공한 사람, 잘 알려진 사람은 타인을 의식하지 않을 수가 없다. 타인의 선망을 받는 동시에 질투와 오해도 받는다. 그런 사람의 마음속에는 천당과 지옥이 공존해 있다.

무엇보다도 외롭다. 믿고 이야기할 사람이 점점 사라진다. 믿고 나눈 이야기가 어느 날 갑자기 칼이 되어 등 뒤에 꽂히기도 한다. 그래서 늘 괜찮은 척을 하고 웃는 척을 해야 한다. 우울해도 억눌러야 한다. 고통이 온전히 혼자만의 몫이 되는 것이다.

그 고통을 더 이상 견디지 못하고 생을 마감하는 가슴 아픈 선택을 하게 된다. 마음 숨이 막힌 채 오랜 세월 살다가 더 이상 살지 못하게 된 것이다.

누구나 마음속에는 저마다 분노의 무게가 있다

전 세계적으로 수많은 사람들이 오늘도 다이어트를 하고 있다. 방법도 여러 가지다. 원푸드 다이어트, 단백질 다이어트, 요가 다이어트, 스피닝 다이어트 등등 셀 수 없이 많다. 헬스클럽은 건물마다 있고 지하철 입구에서는 전단지를 나눠주며 홍보를 하고 있다.
여기서 한 가지, 이런 생각을 해보게 된다.
'사람의 감정의 무게는 얼마일까?'
눈에 보이지 않는 분노로 부풀어 오른 분노감정의 무게는 몇 킬로그램일까 하는 의문이 든다.

예전에 어느 방송사의 '리벤저(복수) 다이어트' 라는 다이어트 프로그램에 출연한 적이 있다. 오랫동안 비만 때문에 자존감에 상처를 받은 일반인 6명이 출연을 하였다. 날씬해지고 예뻐져서 무시하고 설움을 준 사람들에게 보란 듯이 복수를 하겠다는 목표로 시작이 되었다.
4주 정도가 지나자 출연자들은 서서히 지치기 시작하여 다이어트를 포기하고 싶은 심정이었다. 그때 심리극 전문가로 출연한 나는 출연진들에게 모욕을 주는 역할극을 진행했다. 비만이었던 시절에 그들이 주변 사람으로부터 모욕 받았던 대사를 했다.

"어딜 돌아다녀! 방에나 처박혀 있어."

이런 말들이 그들의 의욕을 다시 불타오르게 하였다. 그래서 매너리즘을 이기고 다시 의욕적으로 다이어트를 지속할 수 있었다.

그때 나는 알았다. 사람 몸의 지방의 무게만큼 마음속의 분노의 무게도 분명히 존재한다는 것을.

고도 비만보다 무서운 '고도 분노'

캘리포니아 주의 팔로알토(Palo Alto)에 위치한 정신건강연구소(Mental Research Institute : MRI)의 창립 멤버인 버지니아 사티어(Virginia Satir)는 개인의 내적 과정을 이끌어 내는 은유적 방법으로 '빙산 기법'을 활용하였다.

일반적으로 내담자를 대할 때 개인을 빙산 차원에서 보면 극히 일부분의 행동만을 보기 쉽다. 그러나 우리 경험의 대부분은 '수면 아래'에서 경험되고 있다.

'빙산 기법'은 이러한 '수면 아래'를 탐색하여 내담자의 경험을 표면화하고 변형하는 것에 목표를 두고 있는 상담기법이다.

빙산 기법에 의하면 사람의 의식의 차원은 다음과 같다.

> 1차 : 행동
> 2차 : 감정, 기대, 열망
> 3차 : 본질의 나, 핵심

비만의 정도가 심해져 고도 비만이 되는 사람들은 어느 순간 '아, 여기에서 더 살이 찌면 안 되는데!' 라는 걸 느낀다. 뚱뚱한 문제를 넘어 건강과 생명이 위험할 수 있음을 스스로 자각하는 것이다.

사람의 몸처럼 마음도 마찬가지다. 내면의 고통이 장기화될 때 문제가 생기기 시작한다. 충족되지 못했던 과거의 감정들을 덮어둔 시간이 길어지면 그 감정으로 인해 '피해자화' 가 되고 '성격화' 가 된다. 현실의 의식이 주관적인 감정으로 완전히 뒤덮여 버리고 만다.

이것이 마음의 '고도 분노' 혹은 '고도 응어리' 라고 할 수 있다. 고도 비만은 건강을 해치지만 고도 분노는 나를 죽이고 타인도 죽게 한다.

고도 비만이 되고 나면 단순히 먹는 것을 조금 줄인다고 해서 금방 살이 빠지지 않는다. 수십 킬로그램을 감량하려면 체계적인 관리와 장기적인 도움이 필요하다.

마찬가지로 마음의 '고도 분노' 와 '고도 응어리' 도 감량을 하려면 도움이 필요하다. 내면을 외현화시켜서 감량시켜주어야 진짜 본질의 '나' 를 비로소 만날 수 있다.

결국 상담이란 '감정을 감량 할 수 있게 해주는 작업이다. '마음 숨' 이 막히지 않도록, 마음속이 '고도 분노' 의 상태가 되지 않도록 말이다.

[아하! 그렇구나]

분노감정을 제어하는 4step

[1step : 인지]
화, 슬픔 같은 부정적 감정을 제어하기 위한 가장 중요한 방법은 나의 감정을 알아차리는 것이다. 분노감정에 휘둘려 그 감정에 스스로 압사당하면 극단적인 말이나 행동, 폭력을 분출할 수도 있다. 폭력적 언행으로 화를 분출하기만 하는 것은, 화를 억누르고 부정하는 것만큼이나 분노 제어에 효과적이지 않다.
그 단계에 이르지 않으려면 우선 '내가 지금 너무나도 화가 났다.', '나는 지금 몹시 열 받은 상태다.', '지금 내 마음이 몹시 격앙되어 있어.', '지금 불안감에 미칠 것 같은 느낌이야.'와 같이 내 감정을 정확하게 느끼고 인지할 수 있어야 한다.
'화'는 인간의 본능적이고 일차적인 감정이다. 화를 유발하는 상황에서 이 감정을 느끼는 것은 자연스러운 것이다. 그러나 그 감정에 짓눌리지 않고 있는 그대로 느낄 줄 아는 것만으로도 분노를 효과적으로 다스릴 수 있다.

[2step : 수용]
화난 감정을 인지한 다음에는 자신의 감정을 인정해주고 받아들이며 지금 이 순간의 감정적 상태 및 그 감정을 유발한 상황 자체를 수용한다. 화를 억지로 참거나 감정을 과도하게 억누르는 것이 아니라 오히려 감정을 스스로 인정해주는 작업을 하는 것이다.
'내 입장에서는 억울한 상황이니 나로선 화가 날 만도 해.', '저 사람이 나를 배려

해주지 않아서 서운하고 억울한 느낌이 들었으니 나로서는 화가 날 수도 있지.', '예전에 겪었던 부당한 일이 되풀이된 상황이니 내가 불쾌감과 분노의 감정을 느끼는 것도 있을 수 있는 일이야.' 와 같이, 지금 내 마음속에서 벌어지고 있는 분노의 감정의 상태를 수용한다.

분노감정을 느끼는 이유는 나 자신이 현재의 상황을 받아들이기를 거부하고 있기 때문이다. 이 상황이 객관적으로 옳은 것인지 그른 것인지를 논리적으로 따지기 전에, 내가 느끼고 있는 감정을 알아차린 후 그 상황을 스스로 인정하고 수용하는 것은 자가 치유의 방법 중 하나다. 이 과정에서 혼잣말로 화난 감정에 대해 소리 내어 말해보거나, 다른 사람이 없는 곳에서 크게 소리를 지르는 등 일시적인 해소의 행위를 해보는 것도 감정을 잠재우는 데 도움이 될 것이다.

[3step : 표현]

자신의 감정을 주체할 수 없을 것 같은 순간에는 그 감정을 언어화하여 구체적으로 표현하는 것만으로도 감정 제어 효과가 있다. 지금 느끼는 감정이 순전한 분노인지, 억울함인지, 서운함인지, 불안감인지, 타인에 대한 시샘인지, 공포인지, 불쾌감인지 마음속으로 구분해본다. 그리고 스스로에게 '나는 지금 억울해서 화가 났어.', '나는 저 사람의 행동 때문에 불쾌감을 느끼고 있어.' 와 같이 구체적으로 표현해본다.

이와 같이 스스로에게 자기 감정을 설명하고 언어로 표현할 수 있게 된 다음에는 주변 사람 혹은 분노를 유발한 당사자에게도 나의 감정을 표현할 수 있도록 한다. "나는 지금 당신의 행동으로 인해 화가 났습니다.", "나는 네 말이 부당하게 느껴져서 억울하고 화가 나.", "내 의도를 오해받은 것 같아서 불쾌합니다." 와 같이 즉각적으로, 그리고 구체적으로 진술을 하고 내 감정을 표현하는 것이다. 타인으로 인한 분노를 그때그때 전달하고 표현하는 습관을 들이면 감정의 억눌림으로 인한 내적 상처를 예방하는 데 도움이 된다.

[4step : 이해]

분노감정을 제어하기 위한 궁극적인 방법은 현재의 분노를 유발하는 사건이나 상황이 재발하지 않도록, 혹은 분노를 유발한 문제를 해결할 수 있도록 현실적인 방법을 찾는 것이다. 우선 '내가 화가 난 이유가 무엇이지?'에 대해 생각해보고, 분노의 원인이 나 자신에게 있는지 외부에 있는지를 파악해본다. 분노감정의 원인과 결과에 대한 전후 상황을 이해하는 작업을 수행하는 것이다.

분노의 원인이 나 자신에게 있다면 어떤 욕구가 충족되지 않아서 화가 난 것인지, 나의 어떤 부분(열등감, 자격지심, 과거의 비슷한 상처, 상실감 등)이 자극되어 화가 난 것인지에 대해 돌아본다. 분노의 원인이 외부에 있다면 이 상황을 개선시킬 수 있는 구체적인 방안과 대안이 무엇인지 찾아본다.

이러한 과정을 통해 자신의 감정의 본질을 이해하고, 같은 상황이 차후에 반복되지 않도록 원천봉쇄를 하려는 노력이 동반되는 것이 좋다. 이러한 분노 이해 과정은 결국 나의 감정과 대면하고 상처의 원인을 찾을 수 있는 중요한 열쇠가 된다.

1step 인지	'내가 지금 화가 나서 감정적으로 흥분한 상태구나!'
2step 수용	'나에게 부당하고 억울한 상황이니 화가 날 만도 해.'
3step 표현	"나 지금 이 일 때문에 화가 났어요."
4step 이해	'이 상황을 개선할 수 있는 직접적+궁극적 해결책은 뭐가 있을까?'

⑧ 분노감정의 유형도 **사람마다 다르다**

감정과 행동 패턴은 사람마다 다르다

미국 콜롬비아대학 심리학 교수 마스턴 박사가 인간의 행동유형 모델을 유형별로 나누어 설명한 것이 있다. 자신을 객관적으로 이해하고 사람들 간의 차이를 이해하고 그 가치를 존중, 인정하며 타인과 조화롭게 적응하기 위해 인간의 행동 패턴 스타일을 나눈 것이다.

여기에는 주도형, 사교형, 안정형, 분석형이 있다. 각각의 앞 글자를 따서 디스크(DISC) 이론이라 부르기도 한다.

각 유형별 특징은 다음과 같은데, 사람은 누구나 이 4가지 유형 중 더 두드러진 자기만의 유형을 갖고 있다.

유 형	특 징
주도형 (D형 : Dominance)	- 모험과 도전을 즐긴다. - 남에게 지기 싫어한다. - 의사 표현이 분명하다. - 추진력이 있다.
사교형 (I형 : Influence)	- 낙천적이다. - 상상력이 풍부하다. - 남들에게 주목받는 것을 좋아한다. - 분위기 메이커 유형이다.
안정형 (S형 : Steadiness)	- 성실하고 인내심이 강하다. - 주변을 편안하고 안정적으로 만든다. - 정이 많고 남 돕는 걸 좋아한다.
분석형, 신중형 (C형 : Conscientiousness)	- 분석력이 뛰어나다. - 체계적이고 신중하다. - 계획을 잘 세운다. - 직관력이 뛰어나다.

그동안 만나온 내담자 중 연예인이나 예술가를 지망하는 청소년들을 예로 들면, 그들은 주로 주도형, 사교형이 많았다. 주도형은 모험과 고통을 즐기는 유형이다. 너무 편안하면 안정감을 느끼기보다는 '내가 지금

뭐하고 있는 거지?'라는 생각에 오히려 불안해한다.

사교형은 남들에게 주목받고 싶고 인정받고 싶어 하는 유형이다. 내가 하는 일을 남이 알아주길 바란다. 그래야 "잘하고 있어."라는 확신을 얻을 수 있다. 이들은 시험공부도 미리 하기보다는 전날 벼락치기로 짧은 시간에 초집중을 해서 하는 편이다. 어려운 상황에서 집중과 몰입하는 성향을 선천적으로 타고난 것이다.

우리나라 부모님들 중에는 "우리 애가 하라는 공부는 안하고 바깥으로만 돌아서 미치겠다."라고 말씀하는 분들이 있지만 그것은 자녀의 기질을 이해하지 못하기 때문이다. 밖으로 다니는 것을 좋아하는 아이라면 바깥에서 움직이며 자신의 존재를 찾는 것이 바로 공부다. 그들은 부모님들 걱정하는 것처럼 노는 데 미쳐있는 것이 아니라 공부에 미쳐있는 것이다.

마음과 삶이 유기적으로 연결되어야 하는 이유

예술대학 동기 하나가 폐암으로 투병생활을 하다 암이 다른 곳으로 전이가 되었다는 소식을 들은 적이 있다. 중환자실에 있다는 연락과 함께 병원에서 더는 방법이 없다는 비통한 소식을 전해왔다. 동기와 후배들이 오랜만에 병원에서 만나게 되었다.

그런데 전이가 된 원인 중 하나는 환자가 가만히 있지를 않고 계속 몸을 움직이고 혹사시켰기 때문이라고 한다. 가만히 쉬어야 하는데 피곤을 자초했다는 것이다. 그러나 그 친구에게 그게 쉬운 일이었을까? 가만히 있질 못하는 천성을 타고난 친구였다. 가만히 있다는 것은 곧 살아있지 못한 거나 마찬가지였다. 상황이 절박할수록 무언가를 더 하고 싶어 하는 기질이기 때문이다.

2001년 오랜 미국 생활을 청산하고 귀국한 할리우드 진출 1세대 한국 배우 오순택 씨는 팔순의 나이에 제자 37명을 거느리고 '리어를 연기하는 배우, 마네티'에서 주인공을 맡았다. 연출은 제자 이윤택 씨가 맡았다. 미국에서 영화 '007 황금총을 가진 사나이'에서 깊은 인상을 남겼던 그가 가르친 연기 수업 중 'Acting is doing'이라는 말이 있다. 연기는 '움직임'이라는 것이다. 대사만 읊조리는 게 아니라 움직임과 유기적으로 연결돼야 한다는 것이다.

그는 다음과 같은 말을 남겼다.

"고맙죠. 나이 들면 설 자리가 없는데, 다시 태어나도 배우를 할 거예요."

이렇게 말하며 제자 37명과 함께 연습실로 향하는 그의 발걸음에는 여전히 뜨거운 열정이 묻어났다고 한다.

감정과 분노 스타일의 '다름'을 이해해야 한다

배우의 기질, 예술가적 기질을 타고난 사람은 자꾸 바깥으로 나가서 움직이고 싶어 한다. 반대로 안정형, 신중형 기질을 타고난 사람은 성실하게 인내하거나 계획을 세우며 차분하게 문제를 해결하고 싶어한다.
 이처럼 사람은 누구나 타고난 성격과 행동 패턴의 유형이 저마다 다르다. 타고난 천성과 기질이라는 것이 있어서 남이 억제하거나 강요한다고 해서 그 사람의 문제가 해결되거나 해소되는 것은 아니다. 그 사람만의 타고난 스타일을 인정하고 이해해 주어야 한다.
 그래서 다른 사람의 마음을 이해할 때도 한 가지 잣대만 들이대서는 안 된다. 마음속의 분노나 고통도 사람마다 다른 원인, 다른 유형으로 나타날 수 있다. 사람의 마음을 이해하는 것, 그리고 분노의 감정을 이해한다는 것은 결국 '다름'을 인정하는 것이나 마찬가지일 것이다.

[이거 알아요?]

왜 그 사람 때문에 화가 날까?
: 타인으로 인한 분노 이해하고 제어하기

해소되지 않은 채 앙금으로 남은 모든 감정은 언젠가 다시 수면 위로 올라와 반드시 영향을 끼친다. 분노감정은 내면의 문제를 해결해 달라는 자기 자신의 강한 목소리이기 때문이다. 분노감정이 해결되지 않은 채 누적되면 일상생활에서 판단력이 흐려지거나 인간관계에 악영향을 끼치는 결정적인 원인이 된다.

사람에게 분노의 감정을 유발하는 것은 잘못된 상황이나 외부적 조건 때문일 수도 있지만 특정한 타인 때문일 수도 있다. 만약 어떤 사람 때문에 계속해서 화가 난다면 그 사람을 일방적으로 탓하거나 분노를 무조건 억누르기만 하지 말고 다음과 같은 점들을 한 가지씩 점검해보자.

1. 내가 그 사람에게 바라는 것이 있는가?

: 특정한 타인으로 인해 늘 화가 나거나 불편하거나 불쾌감을 느낀다면 그 사람의 잘못된 행동이나 태도 자체 때문일 수도 있지만, 나 자신이 그 사람에게 뭔가 기대하는 것이 있기 때문인 경우가 많다.

☞ [해법]
내가 그 사람에게 바라는 점이 있는지, 그 사람이 고쳐주었으면 하는 것이 무엇이 있었는지를 파악해본다.

2. 내가 그 사람에게 바라는 것이 계속 이루어지지 않고 있었는가?

: 상대방에게 기대치가 있거나 그 사람이 뭔가를 이뤄주기를 바라더라도 그 기대를 초반에 포기하거나 기대치를 대폭 낮췄다면 그 사람으로 인해 계속 화가 나지는 않았을 것이다. 그러한 기대치가 장기간에 걸쳐 누적되어 왔다면 그 사람으로 인한 분노감정에서 벗어나기 어려울 수 있다.

☞ [해법]

그 사람에게 바라는 기대치를 대폭 낮추는 시도를 해본다. 기대감이 거부당하는 기간과 기회, 그로 인한 불편한 관계성이 장기간에 걸쳐 누적되었다면 기대감을 아예 갖지 않거나 나 스스로 포기해야 할 수도 있음을 염두에 둔다.

3. 그 사람이 나의 내면의 불편한 감정을 뭔가 건드리고 있는가?

: 내가 그 사람에게 바라는 점이 없거나 그 사람이 나에게 명백히 잘못한 것이 없음에도 불구하고 그 사람으로 인해 화가 나거나 불편함을 느낀다면, 그 사람이 내 안의 뭔가를 건드리는 요소를 갖고 있기 때문일 수도 있다. 나의 과거의 트라우마를 떠오르게 하는 언행을 하거나, 나의 열등감이자 자격지심을 직접적으로 건드리는 뭔가를 그 사람이 갖고 있기 때문일 수 있다.

☞ [해법]

나의 내면에 앙금으로 남아있는 감정이 무엇인지(열등감, 피해의식, 상처의 경험, 사고의 기억 등)를 파악해본다. 이는 그 사람과의 관계 문제뿐만 아니라 나 자신의 심리적 트라우마를 찾아내고 치유하기 위한 첫 단계이기도 하다.

4. 내가 타인과의 관계를 일방적으로 장악하려고 하는가?

: 자신과 타인과의 관계를 일방적으로 통제하고 내 뜻대로 이끌어가려는 욕구가 지나치게 강할 경우, 그 사람의 행동이나 말이 항상 나의 감정을 건드리는 듯한 느낌을 받을 수 있다. 그 사람의 입장과 욕구를 무시한 채 일방적으로 끌고 가려 했음을 나 자신이 인식하지 못한 것이다. 반대로 상대방이 그러한 성향을 강하게 가지고 있어 내 입장과 욕구를 전혀 존중하지 않은 채 나와의 관계를 장악하려 했을 수도 있다.

☞ [해법]

인간관계의 대부분의 갈등은 힘의 불균형 및 관계성의 불평등에서 오는 것이다. 어느 한 쪽의 욕구가 묵살되는 관계가 지속되어 왔던 것이 아닌지 파악해 본다.

5. 나의 기준을 그 사람에게 적용하고 있는가?

: 타인에게 화가 나는 가장 큰 요인 중 하나는 나 자신이 가지고 있는 기준이나 신념을 그 사람은 가지고 있지 않다고 생각하기 때문이다. 예를 들어 말대답을 하는 후배에게 화가 나는 경우 '후배는 선배에게 자기 의견을 이야기하면 안 된다.' 는 나만의 굳은 기준을 갖고 있기 때문일 수 있다.

내가 가지고 있는 기준이나 신념, 가치관이라는 것은 꼭 옳지 않을 수도 있고, 상대적일 수도 있으며, 상대방은 나와 또 다른 기준을 갖고 있을 수도 있다. 나만의 기준치에 의해 '도무지 저 사람을 이해할 수 없다.' 라고 생각하는 것이 그 사람에 대한 화와 분노의 감정으로 이어진다.

☞ [해법]

내가 가진 기준이나 신념, 사고방식이 그 사람에게는 절대적인 기준이 아닐 수도 있음을 고려하고 인정한다. 사고의 다름을 인정한다면 상대방에 대한 분노가 합리적인 이해로 변화할 수 있다.

6. 나만 늘 당하고 있다는 피해의식에 사로잡혀 있는가?

: 타인과의 관계에서 상처를 받거나 피해를 입은 경험과 그로 인한 마음의 상처가 해소되지 않고 계속 쌓여왔을 경우, 다른 사람들과의 관계에서도 지속적으로 피해의식을 갖고 있거나 '나만 일방적으로 불리하게 당하고 있다,' 라는 고정관념에서 벗어나지 못할 수도 있다. 나만 상처 받고 있다는 과잉 감정이 해결되지 않을 경우, 나에게 피해를 입히지 않은 불특정 다수의 다른 사람들에게 오히려 더 상처를 주고 새로운 정신적 피해를 입힐 수 있다. 이 과정에서 인간관계가 무너질 경우 '나만 또 상처 받았다.' 라고 생각해버리는 것이다. 지나친 피해의식은 분노감정의 악순환을 야기하는 원인이 된다.

☞ [해법]

아무리 타인으로 인해 피해를 입거나 상처를 입었더라도 나 자신의 능동적인 힘과 의지에 의해 얼마든지 관계를 변화시킬 수 있고 더 이상 피해를 입지 않을 수 있음을 받아들인다.

7. 그 사람과 의사소통을 명료하게 해본 적이 있는가?

: 특정한 타인으로 인해 계속해서 화가 난다면 그 사람과의 의사소통이 제대로 이루어지지 않았다는 증거이기도 하다. 인간관계의 대부분의 갈등의 원인은 소통 부

재에서 온다. 내가 그 사람에게 무엇을 원하는지, 그 사람의 어떤 점 때문에 화가 났는지, 그 사람에게 말하고 싶은 것이 무엇인지를 명료한 언어로 전달한 적이 있는지, 그리고 그에 대한 그 사람의 생각과 반응을 정확하게 들은 적이 있는지 점검해 본다.

☞ **[해법]**

화가 나는 원인, 억울한 원인, 부정적 감정을 느낀 원인이 무엇인지 명료하게 말하는 소통을 시도한다. 명료한 의사소통은 공감과 힐링의 출발점이다.

9

'화'는 아프다는 신호다

총기난사, 미국의 일만은 아닌 이유

　미국의 한 남자 대학생이 차를 몰고 다니며 행인들에게 무차별적으로 총을 난사해 6명을 죽이고 자살한 사건이 있었다.

　이 남자 대학생이 총기 난사를 벌인 이유는 여성에 대한 증오 때문이었다고 한다. 여대생 기숙사에 있는 여자들을 모조리 죽이겠다며 외로움과 절망을 호소하는 동영상을 남겼다. 그는 살아남기 위해 경쟁자들을 살해해야 하는 생존 서바이벌 게임을 다룬 영화 '헝거게임'의 제작진의 아들이어서 더 화제가 되었는데, 어려서부터 부모의 이혼 등을 겪은 후 대인기피증을 보이며 은둔형 외톨이로 지내고 여성과의 만남에도 실패해 그에 대한 화풀이로 범죄를 저질렀다고 한다.

　미국은 총기난사 사건이 자주 일어나는 나라이다. 누구나 너무나 손쉽게 총을 구할 수 있는 제도 때문일 것이다.

미국의 일일 뿐이라고 생각할 수도 있겠지만 언젠가는 한국에서도 얼마든지 일어날 수 있는 가능성이 있는 사건이다. 이러한 무차별 총격 사건을 저지른 사람들의 내면에는 스스로 통제하지 못한 화와 분노가 오랜 기간 쌓여있는데, 우리나라도 그런 사람들이 점점 많아지고 있기 때문이다.

실제로 상담 사례를 보면, 가족 해체가 늘고 가정불화와 대화 단절이 점점 늘어나는 우리나라 현실을 피부로 느낄 수 있다. 게다가 미국의 문화와 정서를 빠르게 흡수하고 있기 때문에, 미국에서 일어나는 무서운 사건들이 우리나라에서 일어나지 않으리란 법도 없을 것이다. 군대에서 벌어지는 각종 가혹행위와 그로 인한 자살 혹은 총기난사 사건 같은 끔찍한 사건들이 우리를 슬프게 하고 있다.

화는 참을 수 없이 아프다는 신호

극단적인 방식으로 화풀이를 하는 사람들은 마음의 문을 오래 전에 닫아버린 사람들이다. 특히 어려서부터 부모로부터 혹은 친구나 다른 사람들로부터 질시나 거부의 경험이 상처로 남으면 마음의 문을 닫아버린다. 닫은 상태로 청소년기를 보내다 잔혹한 영상을 담은 영화나 게임에 탐닉하면서 의식이 전환되기도 한다.

폭력적인 게임을 하는 모든 아이들이 폭력적인 사건을 저지르는 것은 아니겠지만, 어린 시절의 상처의 경험으로 인해 마음 문을 닫아놓았던 아이들에게는 자극적인 게임이나 영상이 하나의 전환점이 될 수도 있을 것이다.

화는 참을 수 없이 아프다는 신호다. 극단적으로 화를 내는 사람들은 마음이 굉장히 많이, 그리고 오랫동안 아팠노라고 절규하는 것이나 마찬가지다. 너무나 억울해서, 그 억울함과 아픔을 감당할 수 없어서 화를 낸다.

화가 쌓이고 쌓이다 극단적인 방법으로 폭발하는 것을 막는 방법은 대단한 게 아니다. "난 네 편이야."라는 말 한 마디가 없었기 때문에 화가 나는 것이다. 편들어 주는 격려와 칭찬, 진심어린 사과와 체온을 담은 스킨십이 절실하게 필요하다. 시기를 놓치면 놓칠수록 비극이 된다. 그래서 나는 우리나라 모든 부모에게 꼭 말해주고 싶다.

"아무리 바쁘더라도 일주일에 하루만이라도 자녀와 데이트를 하세요. 그 시간만이라도 자녀에게 격려, 칭찬, 사과를 하세요."

알고도 마음대로 안 돼서 아픈 것

감정을 속으로 삭이거나 화를 마음에 품고 사는 사람들은 그렇지 않은 사람들에 비해 암 같은 질병에 걸릴 확률도 높다고 한다. 그러니 스트레스와 화를 마음에 담아두지 말고 살라는 조언들을 한다.

하지만 어찌 보면 참 답답한 이야기다. 스트레스를 받지 말고 화를 담아두지 말고 살라니, 그걸 누가 모르겠는가? 스트레스 받고 싶지 않아도 마음대로 안 되니까 미치는 것이다.

　병원에 가면 의사들이 하는 말이 있다.

　"마음 편히 가지세요."

　"충분히 쉬세요."

　"규칙적인 운동을 하세요."

　"식사를 제때 하세요."

　하지만 듣는 환자 입장에서는 답답하다. 누군 쉬기 싫어서 안 쉬겠는가? 나도 좀 쉬고 싶고, 발품 파는 일 그만 하고 싶고, 밥도 시간 맞춰 잘 먹을 수 있었으면 정말 좋겠다. 그럴 수만 있다면 말이다.

　몸이 아픈 사람들은 어떻게 하는 것이 건강에 좋고 나쁜 것인지를 몰라서 아픈 게 아니다. 알고도 어쩔 수가 없는 것이다. 어쩔 수 없을 때 우리는 아프다. 아픈 것도 서러운데 남들은 비현실적인 이야기를 하니 성질만 난다.

　성질내는 사람은 아픈 사람이다. 몸이 아프고 마음이 아픈 사람이다. 아픈데 내 맘대로 할 수 없어서 계속 아픈 사람이다.

나를 위한 위안, 화를 표현하기

　그래서 나는 내담자들에게도 환경을 바꾸라는 말은 하지 않는다. 자기 힘으로 환경을 곧바로 바꾸기 어렵다는 현실을 너무 잘 알기 때문이다.

　그럼 어떻게 해야 하나?

내가 얼마나 아프고 힘든지 혼자서라도 밖으로 드러내야 한다. 혼잣말로 욕도 하고, 화도 내고, 있는 힘껏 소리라도 질러야 한다. 그것은 환경을 바꿀 힘, 나를 바꿀 힘을 내기 위해서 나 자신을 위해 해줘야 하는 첫 번째 위안의 방식이다.

화는 사람의 자연스러운 감정 중의 하나이다. 그러나 화의 감정 아래에는 다양한 원인이 숨어 있다. 슬픔, 고통, 섭섭함, 외로움, 절망, 이해받고 싶은 마음, 애정을 갈구하는 마음, 사랑 받고 싶은 마음이 화로 표현되는 것이다. 내 마음을 알아달라는 표현, 아프다는 표현이다.

그런데 적절한 시기를 놓쳤을 때 잘못된 대상을 향해 화를 내고 엉뚱한 상대방에게 해소하게 된다. 그래서 너무 늦기 전에 해소를 조금씩이라도 시켜주어야 한다. 화를 내는 것이 나쁜 게 아니라 그 아래 숨겨져 있던 외로움이나 서운함을 아무도 보듬어주지 않은 것이 문제다.

귀 기울여 들어주고 같이 화내주기

캐런 레이비치와 앤드루 샤테 교수의 〈절대 회복력〉이라는 책에는 다음과 같은 내용이 나온다.

"회복탄력성은 내면의 심리적 근육을 단련시켜주는 도구이며 국가적 재난을 겪은 후에도 꿋꿋하게 살아가게 해 주는 지렛대이다. (중략) 누구든지 노력을 통해 회복탄력성을 키울 수 있다."

이 내용처럼 사람에게는 시련을 이겨낼 수 있는 회복력이 누구나 있다.

자신이 미처 깨닫지 못할 뿐이다. 하지만 회복탄력성은 단지 개인의 노력만으로 쉽게 키울 수 있는 것은 아니다. 시련을 이겨내지 못한다고 해서 꼭 그 사람 개인의 탓을 하기에는 한국 사회가 가진 특수성도 생각을 해야 한다.

한국은 '남이 나를 어떻게 보느냐?', '남이 나를 어떻게 생각하느냐?'를 대단히 중요시하는 사회문화적 특수성이 있다. 전 세계 그 어느 나라보다도 학력과 출신을 중요시한다. 예전에는 '개천에서 용 난다' 라는 표현처럼 노력으로 얻을 수 있는 것이 있었지만 이제는 이 말도 더 이상 현실적이지 않다는 느낌이 든다.

우리 사회의 이러한 특수한 성질은 개인이 받은 상처를 이겨낼 수 있는 회복탄력성을 더디게 하는 요인이다.

단 한 사람만 있어도

그렇다면 우리는 어디서 회복탄력성을 찾아야 할까? 가족이든, 남이든, 누구 한 사람이라도 나를 알아주는 것에서 시작해야 한다. 나를 알아주는 단 한 사람만 있어도 화가 상당 부분 해소되고 최소한의 힘이라도 얻을 수 있다. 나 하나가 그를 알아주고 조금만 이해해주어도 그 사람 마음속의 상처와 화가 어느 정도 치유 받을 수 있다.

화내는 사람의 상처를 보듬어줄 수 있는 가장 중요한 비결은 그저 들어주는 것이다. 그 사람의 이야기가 내 경험으로는 완전히 이해할 수 없다

하더라도 그저 들어주는 것만으로도 위로가 된다. 혹은 나의 유사한 경험에 비추어 그 사람의 마음을 헤아려보고 같이 화를 내주는 것도 좋은 방법이다. 그래야 그 사람 마음속의 화가 조금이라도 해소될 수 있고, 그래야 그들이 앞으로 잘 살고 싶다는 생각을 조금이라도 할 수 있게 된다. 그 후에는 변화를 자발적으로 찾게 된다.

한 사람, 단 한 사람에서 시작되면 된다.

[이거 알아요?]

분노를 긍정적 변화로 전환하는 8가지 요령

① **침묵 → 표현**
: 분노의 감정은 시원하게 드러내고 표현해야 해결책이 생기고 여유가 생긴다. 억지로 담아두고 눌러둘수록 언젠가는 그릇된 방법으로 폭발하게 된다.

(예) '화가 난 티를 내면 나만 미움 받겠지?'
  → '이러이러한 부당함 때문에 화가 났다는 것을 말해야 되겠다. 어떻게 표현할까?'

② **과거 → 현재**

: 분노에 시달리는 사람들은 현재가 아닌 과거에 머물러 있는 경우가 많다. 두려움, 불안감, 화를 자극했던 특정 사건이나 상황을 반추하고 후회하기만 하는 것은 문제 해결에 전혀 도움이 되지 않는다. 분노를 효과적으로 다스리기 위해서는 지금 현재의 내가 할 수 있는 것이 무엇인지에 집중한다.

(예) '그때 그 일을 하지 말았어야 했는데.'
  → '이미 벌어진 일을 되돌릴 순 없어. 지금 할 수 있는 일부터 찾아보자.'

③ **존재를 탓하기 → 행동을 탓하기**

: 타인에게 분노감정을 표현할 때는 그 사람 자체를 탓하기보다는 나를 화나게 한 그 사람의 구체적인 행동을 확실히 밝혀 표현한다.

(예) "넌 왜 그 모양이니?"
  → "내가 화가 난 건 네가 시간약속을 또 지키지 않아서야."

④ **비난하기 → 전달하기**

: 마음속의 두려움과 불안감이 클수록 분노를 유발한 상대방을 일방적으로 비난하게 된다. 그러나 일방적인 비난과 힐난은 양방향 소통이 아니다. 감정을 자극하는 비난보다는 분노의 원인과 마음상태에 대해 있는 그대로 전달한다.

(예) "당신 때문에 다 망쳤어."
  → "나는 당신이 지난번과 같은 실수를 반복해서 야속하고 화가 나."

⑤ 수동적 → 능동적

: 내가 타인에 의해 피해를 입거나 당한다는 생각에 집착할 때 분노가 증폭된다. 나 자신의 힘으로 능동적으로 상황을 바꿀 수 있다고 생각하면 분노감정을 좀 더 합리적인 대안으로 전환시킬 수 있다. 내가 마음만 먹으면 잘못된 상황을 변화시킬 수 있는 주체가 될 수 있음을 알아차린다.

(예) '왜 이렇게 나만 부려먹는 거지?'
→ '내가 이 일에 꼭 필요한 사람이라고 여겨지고 있구나.'

⑥ 막연하게 → 구체적으로

: 화가 나는 원인을 막연하게, 추상적으로, 총체적으로 생각하고 표현할수록 분노는 체념과 무력한 감정만을 낳을 뿐 사그라지지 않는다. 분노의 원인을 구체적으로, 실질적으로, 그리고 원인이 되는 사건이나 행동이 무엇인지를 정확히 짚어서 생각하고 표현하면 그때부터 상처 이유가 시작되고 문제 해결의 실마리를 찾을 수 있다.

(예) " 이 놈의 집구석 때문에 내 인생이 꼬였어."
→ " 나는 아버지의 술버릇과 폭력으로 인해 안정적으로 공부할 수 있는 환경을 가지지 못했기 때문에 슬프고 화가 난 거야."

⑦ 담아두기 → 내보내기

: 분노는 인간의 자연스러운 감정이자 반응이다. 분노는 잘못된 문제를 해결해달라는 마음의 외침이다. 따라서 분노를 무조건 참고 억누르고 외면할 경우 그 외침

은 점점 절실해지고 파괴적인 에너지를 갖게 된다. 내 마음속에 분노가 쌓였다는 것을 스스로 인정하고, 그것을 밖으로 내보내기 위해서는 어떻게 해야 하는지를 찾아야 한다.

(예) '나 하나만 참으면 모두가 괜찮겠지.'
 → '내가 화가 났다는 것을 알려야지.'

⑧ 혼자 → 함께

: 과거의 일로 인해 분노가 오랜 기간 쌓여왔거나, 분노의 원인이 되는 타인에게 알려도 소용없거나, 문제가 복잡하고 기간이 길어 혼자만의 힘으로 분노 제어가 힘들다면 누군가에게 도움을 요청해야 한다. 믿을 수 있는 가족이나 지인, 같은 일을 겪은 동료, 혹은 상담 전문가에게 도움을 청하고 마음을 표현하고 분노 해소의 돌파구를 반드시 찾아야 한다.

(예) '이런 일이 뭐가 자랑이라고 남에게 말해?'
 → '혼자 끙끙 앓는 것보다는 도와줄 누군가를 찾아야겠어.'

10

감정회복 연습이 **필요하다**

인성도 교육이 반드시 필요하다

몇 년 전 인기 오디션 프로그램에 출연했던 한 연예인이 과거 자신이 올린 인터넷 글이 네티즌 사이에 퍼지면서 '일진 논란'에 시달렸다. 그는 "일진은 아니었다. 그저 놀기 좋아해 친구들과 어울렸을 뿐"이라고 해명해야 했다. 어느 아이돌그룹의 멤버는 중학교 시절 다른 친구들을 때리고 다녔다는 이야기가 네티즌에 의해 폭로되어 구설수에 시달렸다.

나이 어린 스타들뿐만 아니라 최근에는 오랜 기간 연예계 활동을 했던 사람들이 말 한 마디 때문에 자질이나 인성을 의심받고 활동에 제약을 받는 사건을 자주 접할 수 있다.

요즘에는 연예인을 양성하는 연예기획사에서도 인성교육에 나선다. 특히 어린 나이부터 대중에 노출되는 아이돌 가수일수록 인성교육의 중요성이 크다. 소양과 인성이 부족한 상태에서 대중 앞에 노출되면 예기치 못한 논란에 언제든지 휩싸일 수 있다. 스타가 되기 위해 해온 혹독한 트레이닝과 투자가 한 순간에 물거품이 될 수도 있다는 뜻이다.

그래서 큰 연예기획사에서는 데뷔 전부터 인성, 자기관리, 봉사활동, 성교육, 부모님 간담회 등이 체계적으로 진행되기도 한다. 마약에 대처하는 자세와 이성을 대하는 자세 등 세분화된 교육을 받는 경우도 있다. 실력도 중요하지만 대중 앞에서 자기 언행을 책임지는 아티스트가 되는 것도 중요하다는 것을 깨달은 것이다.

인성교육은 아이돌 스타만 필요한 것이 아니다. 같은 또래의 청소년과 젊은이들에게도, 그리고 어른들에게도 지속적으로 필요하다. 인성에 교육이 필요하듯 마음도 공부와 연습과 교육이 필요하다. 마음을 다루는 것도, 자기 마음을 알아차리는 것도, 마음의 상처를 치유하는 힐링도 마찬가지다.

있는 욕 없는 욕 시원하게

이범선의 '고장난 문'은 하루 동안 고장 난 문에 갇혀 화실에서 죽음을 맞은 화가의 이야기를 다룬 소설이다. 경찰은 이 사건을 수사하던 중 이상한 점을 발견한다. 화가의 사인(死因)은 분명히 질식사인데, 죽은 화가가 갇힌 곳은 사방의 창문이 활짝 열려 있어서 공기가 부족할 리가 없었다. 화실의 문이 고장이 나서 열리지 않은 상태였기 때문에 누가 침입하여 화가를 죽였을 가능성도 거의 없다. 그렇다면 어떻게 질식사를 당한 것일까? 그것은 바로 화가의 부정적인 생각 때문이었다.

이처럼 부정적인 마음은 사람을 죽음에 이르게 만드는 주범이다.

상담을 받으러 여성 한 분이 오신 적이 있다. 남편이 바람을 피웠는데 진심어린 사과는커녕 이혼을 하자고 했다는 것이다. 그러고는 시댁으로 가서 집에도 오지 않고 전화도 잘 안 받는다고 했다. 정작 화를 내야 할 사람이 제대로 화를 못 냈으니 얼마나 답답했겠는가?

그 내담자와 심리극을 진행했다. 처음에는 욕을 해보라고 해도 입 밖으로 욕을 하질 못했다. 입이 떨어지지 않는 모양이었다. 하지만 계속해서 진행을 하면서 욕과 함께 목소리를 점점 높여가며 소리를 지르도록 했다. 시간이 지나자 내담자는 점점 목소리를 높이기 시작했다. 나중에는 시원하게 있는 욕 없는 욕 내뱉었다. 그랬더니 비로소 처음으로 속이 후련하다고 했다.

타인 앞에서 타인을 향해 상처를 주며 하는 욕은 해서는 안 되고 손가락질 받을 수도 있다. 하지만 자기 자신을 위해서 혼자 내뱉는 '속풀이' 욕은 마음속의 묵은 화병을 치유하는 데 도움이 된다.

혼자 욕을 하라는 게 쉬운 것 같지만 이것조차 쉽지 않은 사람들도 많다. 욕설을 내뱉는 것도 연습이 얼마든지 필요하다. 그리고 이 작은 내뱉음의 행위만으로도 마음속의 어둡고 부정적인 부분을 해소하는 데 큰 역할을 한다.

치유할 기회를 일부러 만들어라

　가짜 약을 진짜 약이라고 속여 환자에게 복용하게 했을 때 실제로 병세가 호전되는 '플라세보 효과'라는 것이 있다. 이 반대말로 '노세보(nocebo) 효과'라는 것도 있다. 아무리 좋은 약이라도 부정적인 생각으로 복용하면 효과가 없다는 것이다. 가정의학 의사들로 구성된 '몸과 마음 학회'에서 들은 이야기다.
　심리학에서는 적절하고 합리적인 사고를 가진 사람을 '자기분화'가 잘된 사람이라고 말한다. 미분화된 환자가 오면 증상이 의학적으로 나타나지 않는 경우가 많다고 한다. 그럴 때는 백 마디 설득의 말보다 약을 한 알 준다고 한다. 그 약은 밀가루나 비타민 같은, 실제로는 아무 효능이 없는 약이다. 그런데도 환자는 그 약을 수면제나 안정제로 믿고 "그 약을 먹었더니 잠을 잘 잤어요. 나아졌어요."라고 한다는 것이다.
　플라세보 효과와 노세보 효과는 마음의 작용이 몸에도 실질적인 영향을 끼친다는 대표적인 예다.
　뇌의 호르몬 분비도 마찬가지다. 예를 들어 남에게 선행을 하거나 기부를 할 때면 뇌의 특정 부분이 활성화되는데, 이 부분은 아름다운 예술작품을 접할 때, 혹은 마약을 복용할 때 기쁨이라는 감정을 느끼게 하는 부분과 같다고 한다.
　연예인이나 유명인들 중에 선행과 기부를 정기적으로 하는 사람들이 있는데, 이를 순수하지 않은 의도로 바라보는 대중들도 있다. 물론 순수하지 않은 의도인 경우도 간혹 있겠지만, 기부를 하는 당사자들에게는 기부와 선행 자체가 스스로를 치유하는 기회인지도 모른다. 기부와 선행을 할 때 사람의 뇌가 순수한 기쁨을 느끼기 때문이다.

참지 말고 표현하고 연습하라

인간이 가장 흔하게 느끼는 감정이 바로 '화'라고 한다. 하지만 많은 사람들이 자기 감정을 드러내지 않고 억눌러야 좋은 것이라고 생각한다. 또 사회생활과 대인관계를 위해 어쩔 수 없이 감정을 감춰야 하는 경우가 많다.

게슈탈트 심리치료 이론에 의하면 인간의 감정은 표현되기를 원하는 게 당연하다. 마음이 건강한 사람은 감정을 제때 적절하게 표현하는 사람이다. 그중에서도 화라는 감정은 표현되지 못하고 해결되지 못하면 계속해서 영향을 끼친다.

그렇기 때문에 감정을 표출하고 표현하는 것도 자꾸 연습을 해봐야 한다. 해보지 않으면 영영 방법을 모를 수도 있다. 화난 감정을 회피하려 해서도 안 되고 무작정 '괜찮아.'라고 하며 애써 화를 참거나 좋게만 생각하려 하는 것도 좋은 방법은 아니다.

행복해지기 위해 나누고 베푸는 것, 그리고 비운다는 것은 결국 자기 자신도 치유하고 힐링하는 방법 중 하나다. 처음 시작은 인위적일 수도 있고 남을 따라하는 행위일 수도 있지만 그러면 어떤가? 스스로 일부러 기회를 만들어서라도 자기치유의 방법을 찾으려는 노력과 의지가 더 중요하다.

혼자서 욕을 마음껏 내질러보든, 연예인을 흉내 내 작은 기부행위를 하든, 혹은 상담을 받으러 직접 찾아가든, 힐링도 연습이 필요하고 기회가 필요하다. 어떻게 해소해야 하는지 방법을 찾아보고 배울 필요가 있다.

스스로 기회를 만들고자 한다면 해소할 기회는 반드시 생긴다.

> 아하! 그렇구나

나를 화나게 하는 분노유발자 유형 7가지

인간관계에 있어서 유독 남을 화나게 하는 사람들이 있다. 분노를 유발하는 사람과의 관계를 피할 수 없을 경우 지속적으로 갈등을 겪거나 혹은 갈등을 회피하기 위해 그 사람의 요구에 무조건 맞추기도 한다. 분노를 유발하는 사람들 역시 그 내면에는 분노의 감정이나 상처의 경험을 갖고 있음을 안다면 갈등 상황을 예측하고 효과적으로 대처하는 데 도움이 된다. 분노를 유발하는 유형과 특성에는 다음과 같은 것들이 있다.

〈1〉 타인을 비난하는 게 인생의 낙

: 습관적으로 남을 비난하는 유형.

자신과 가까운 사람은 물론이고 직접적인 관계가 없는 연예인에 이르기까지 타인을 비난, 공격, 조롱하는 데서 심리적 만족감을 얻는다. 공공연히 비난의 말을 일삼거나 인터넷에서 특정 인물에 대해 악성 댓글을 다는 것을 즐기기도 한다.

남을 비하하고 비난하는 것을 즐기는 유형은 내면에 양심의 가책이나 죄책감이 많으며 옳고 그름에 대한 심적 부담감을 많이 갖고 있는 경우가 많다.

〈2〉 모든 잘못은 무조건 네 탓

: 어려운 상황에 봉착했을 때는 물론이고 자신이 잘못한 것에 대해서도 타인을 탓하고 비난하는 유형.

무조건 자식의 잘못으로 돌리고 야단치는 부모, 불륜을 저지른 당사자이면서 배우자를 의심하거나 불륜의 원인을 배우자의 탓으로 돌리는 사람, 문제가 생기면 무조건 부하직원들을 탓하는 상사 등 자신의 잘못조차도 남 탓으로 돌리는 사람들은 갈등과 분노를 유발하는 대표적인 유형이다. 자신의 약점과 약한 부분을 스스로 인정하지 않는 심리를 갖고 있다.

〈3〉 걸핏하면 폭언과 폭력... 공격성이 강한 사람
: 남을 비난하거나 남 탓 하는 데서 그치지 않고 지나친 공격성을 드러내며 공포 분위기를 조성하는 유형.

조금만 문제가 발생하거나 기분이 언짢을 경우 필요 이상으로 타인에게 화를 내거나 폭언, 폭력을 휘두른다. 그러나 공격성이 두드러지는 사람일수록 그 내면에는 두려움과 무력감, 불안감이 강한 경우가 많다. 자신감이 없고 약한 자신을 포장하기 위해 더더욱 공격성을 드러내는 것이다.

공격성이 강한 사람에게는 똑같은 공격성으로 대응하기보다는 한 발 물러서서 그 사람이 무엇을 두려워하며 무엇에 대한 불안감을 갖고 있는지를 관찰하고 찾아내는 것이 우선이다.

〈4〉 약자에게 문제가 있다는 믿음
: 자신이 한 모든 행동은 타인, 그 중에서도 자기보다 약한 사람의 잘못 때문이라고 강하게 믿는 유형.

타인을 탓하고 비난하면서 특히 자신보다 약하거나 약한 위치에 있는 사람들을 비난하는 것이다. 가정폭력을 휘두르면서 아내가 잘못을 저질렀기 때문이라고 정당화하는 남편, 아이를 상습적으로 학대하면서 아이가 잘못을 저질렀기 때문에 훈육

차원에서 그랬노라고 정당화하는 부모나 교사가 대표적인 예다.
이들은 약자에게 잘못이 있다고 강하게 믿을 뿐만 아니라 평소 약자에게 죄책감을 갖도록 세뇌시킨다. 즉 약자가 자신에게 꼼짝 못하도록 하는 권력관계를 만들어놓는 경우가 많다.

〈5〉 모든 것은 내 손 안에

: 타인과의 관계를 자기 위주로 만들어 모든 것을 장악하려는 유형.

부부관계, 연인관계, 동료관계, 직장 내 상하관계를 비롯한 모든 관계에 있어서 상대방이 자신에게 맞추거나 절대적으로 복종하도록 만든다. 평등한 관계를 견디지 못하며, 타인이 정당한 방식으로 능력을 발휘하거나 의견을 주장하는 것을 자신에 대한 위협이나 공격으로 받아들인다. 자기애가 과하거나 열등, 소외에 관한 트라우마를 갖고 있는 경우가 많다.

〈6〉 다름을 인정하지 못하는 사람

: 자신과 다른 사고방식, 가치관은 무조건 틀리고 나쁘다고 단정하는 유형.

주로 권위주의가 강한 사람들에게 두드러지게 보이는 모습으로, 타인이 자신과 다른 가치관이나 취향을 가질 수 있음을 절대로 인정하지 않는다. 다를 수 있음을 인정하지 않을뿐더러 다른 것을 나쁜 것, 틀린 것, 악한 것으로 규정지으며, 나아가 상대방이 자신의 가치관이나 취향에 맞추도록 강요한다.

자신의 지위나 힘으로 주변 사람들에게 순종을 요구하기 때문에 주변 사람들은 겉으로는 그의 요구에 따르지만 속으로는 그에 대한 분노를 안고 있는 경우가 많다.

〈7〉 너를 낮춰 나를 높인다

: 자신의 존재감을 유지하고 높이기 위해 남을 낮추고 비하하는 것을 일삼는 유형. 남을 조롱, 비하, 비난, 경멸해야만 직성이 풀리는 유형으로서, 폭언이나 폭력보다 오히려 조용한 침묵이나 무시, 한두 마디의 경멸이나 비판의 논리를 통해 자신을 정당화하는 경우가 많다. 특정인을 비하하거나 조롱하기도 하고, 그 사람이 속한 집단이나 계층 전체(예 : "여자들은...", "요즘 대학생들이란..." "동남아시아 출신 노동자들은...")를 통틀어 비하함으로써 자기 생각이 옳음을 주장하기도 한다. 자신은 완벽하며 자신과 다른 타인은 무가치하다는 신념을 가지고 있다.

윤재진의 실전사례

연예인들의 삶, 그리고 말 못할 사연

연예인들에게는 공통점이 있다. 사람들의 관심과 인정에 많이 의존하고, 남의 말에 상처를 잘 받으며, 성공에 대한 욕구가 강하다는 점이다.
삶의 보람이 남으로부터의 인정과 칭찬에 있기에 말 한 마디에 천당과 지옥을 오간다. 어린 시절 가정사가 순탄하지 않거나 소년소녀 가장인 경우도 많다. 가족을 책임지려 하고 가족애가 깊은 반면 스스로의 고민이나 상처는 잘 공개하지 않고 혼자 짊어지고 침묵한다. 그래서 "괜찮다."라는 말을 자주 한다. 사실은 괜찮지 않은데도 괜찮고 싶다는 주문을 외칠 뿐이다. 열정이 강하지만 외로움을 잘 타서 외로움을 열정으로 달래려 하기도 한다.

상담을 받으러 온 K 씨(배우, 남)는 유명세를 탈수록 같은 꿈을 반복하며 꾼다고 호소했다. 누군가에게 쫓겨 달아나는 꿈을 꾸고 나면 항상 땀으로 범벅이 되었다.
그는 어릴 때 부모님의 싸움을 보며 늘 공포에 시달렸다. 아버지는 폭력을 행사했고 어머니는 가출을 했다. 어머니의 애정과 보살핌이 중요한 시기에 그는 엄마가 보고 싶어서 이불을 뒤집어쓰고 소리 없이 울었다. 소리 내어 울면 아버지가 불같이 화를 내므로 울음소리도 참아야 했다. 어머니가 집을 나가자 아버지의 분노는 고스란히 그에게 돌아갔다. 어릴 때는 아버지가 두려웠지만 점점 성장함에 따라 그 두려움이 분노로 변했다.
그의 나이 16살 때 어머니가 다시 돌아왔다. 처음에는 너무나도 좋았지만, 1년쯤 지나자 아버지의 폭력은 다시 시작되었다. 아버지에게 폭행당해 피를 흘리는 엄마를 끌어안고 울부짖으며 구급차를 불러 병원으로 갔다. 어머니가 퇴원하고 나서 결국 부모님은 이혼을 했다.

어디에도 마음 둘 곳이 없던 그는 학교 연극반에서의 활동이 유일한 안식처였다. 그는 장차 배우가 되고 싶다는 꿈을 꾸게 되었다. 마음속의 분노를 무대에서 표현할 때면 살아있는 듯한 느낌이었다. 그는 리얼하고 생생한 연기력으로 인정을 받았고, 마침내 배우로 데뷔할 수 있었다.

꿈을 이루고 나서도 내면의 불안이 남아

그는 대중들에게 얼굴이 알려진 배우의 삶을 살게 되었다. 꿈을 이루고 모든 것을 다 가진 듯했다. 그런데 연예계 생활을 하면서 가끔 자신도 의식하지 못하는 불안의 감정이 엄습하곤 했다.

그를 가장 힘들게 한 순간들은 감독이나 피디가 소리를 지르거나 누군가 성인 남성이 욕을 하는 모습을 접할 때였다. 그때마다 욱하는 자신을 발견했다. 남자뿐만 아니라 성격이 강한 여성, 혹은 같은 말을 반복하는 여성을 대할 때도 자신도 모르게 화가 나는 것이었다.

그나마 신인 때는 억지로 감정을 참을 수 있었지만, 배우로 인정받고 승승장구하는 위치에 서게 되자 촬영 현장이나 무대에서 욱할 때마다 감정을 점점 참기 힘들었다. 그는 자신이 언제 터질지 모르는 시한폭탄 같다고 느꼈다. 늘 불안감에 휩싸여 살았다.

분노를 터트리면 지금까지 고생하며 이룬 성공이 물거품이 될 거라는 걸 알면서도, 감정을 억제하려는 이성보다는 터트려버리고 싶다는 욕구가 더 강해져만 갔다. 그리고 이런 불안감이 쌓이자 언제부턴가 악몽을 꾸었다. 불안한 억눌림이 꿈으로 나타난 것이다.

그는 왜 악몽을 꾸었을까? 그것은 내면의 아이가 성장한 어른에게 "나 힘들어!"라고 외치는 것이다.

K 씨는 어릴 때 하지 못한 것이 있었다. 어린 시절에 그는 폭력을 행사하는 아버지를 혼내고 싶었고, 자신을 버리고 집을 나간 엄마를 원망하고 싶었다. 힘들다고, 가지 말라고, 보고 싶다고 외치고 싶었다. 엄마가 늘 똑같은 말을 반복하니까 아버지가 화나는 거라고 엄마에게 알려주고 싶었다.

하고 싶은 말들을 심리극을 통해 울부짖도록

K 씨의 내면의 문제를 해결하기 위해 취한 방법은 바로 분노해소 심리극이다. 분노해소 심리극이란 그가 어릴 때부터 하고 싶었던 말을 할 수 있게 해주는 것이었다. 하고 싶었던 모든 말들을 하게끔 하고 모든 것을 울부짖도록 하는 것이다.

연극 치료는 연예인과 같은 직업군에 종사하는 사람들에게 가장 탁월한 치료 방법 중 하나다. 타인의 인생을 영혼까지 표현해가며 사는 직업이기 때문에 마음의 문제를 해결하는 데 있어서도 연극 치료가 도움이 된다. 이성보다는 본능 표현에 능하고, 본능을 온몸으로 표출하는 심리극이 잘 맞는다. 안전한 곳에서, 아무도 모르는 곳에서, 어느 누구도 다치지 않도록 해소하면 되는 것이다.

심리극을 진행한 후 K 씨는 점차 악몽을 꾸지 않게 되었다. 그리고 그 후 상담을 오지 않아도 자기 혼자만의 안전한 시간과 장소를 택해 누구도 다치지 않는 해소법을 활용하며 건강하게 잘 지내고 있다.

| 3장 |

마음의 위기 심리극으로 극복할 수 있다

모레노가 창안한 '사이코드라마' 즉 심리극은 극의 형식을 직접 체험하여 내면에 억압되어 있던 분노, 불안, 트라우마를 직접 대면하고 치유하는 탁월하고 효과적인 감정회복의 방식이다. 소규모 그룹부터 집단의 워크숍 형태까지 다양한 방식으로 응용할 수 있다. 실제로 수행한 심리극 실례를 통해 심리극이 무엇이며 어떻게 치유의 시간을 가질 수 있는지 경험해보자.

1

대본 없는 연극,
'심리극'이란 무엇인가?

극 체험으로 마음의 문제를 해결한다

심리극은 사이코드라마(psychodrama)라고도 하는데 루마니아 태생의 오스트리아 정신과 의사 모레노(Jacob Levy Moreno)에 의해 만들어졌다.

최초의 심리극 형태는 그가 비엔나 공원에서 아이들과 놀이를 하면서 형성되었다고 한다. 공원의 나무 등걸에 걸터앉아 있는 청년 모레노, 그를 중심으로 동심원을 그리며 앉아서 그가 돌려주는 동화를 듣고 있는 아이들, 그들의 머리 위로 펼쳐진 푸른 하늘. 마치 현실을 벗어나 동화속의 세계에 들어온 것만 같은 환상의 시공간. 이것이 심리극의 최초의 형태라고 이야기한다.

 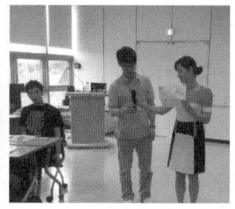 

역사적으로 실제적인 사이코드라마의 출발은 1921~1923년까지 지속되었던 '자발성 극장'이었다.

이 자발성 극장의 핵심은 작가와 대본을 극장에서 추방시키는 것, 그리고 관객이 직접 참여하는 것이었다. 무대에서의 모든 것을 즉흥적으로 창조해내고, 기존의 무대를 없애고 모든 공간을 열어 놓는 일이었다. 자발성 극장은 모레노의 변화와 시도를 통해 갈등의 극장, 비평의 극장, 상호극장 혹은 치료극장, 살아 있는 신문 등의 이름으로 변신을 거듭하다가 카타르시스 극장을 거쳐 창조자의 극장 혹은 신의 극장을 지향하게 된다.

심리극은 진실의 극장

모레노는 심리극을 '진실의 극장'이라 표현하며 '연극적 방법을 통해 인간 존재의 진실을 조명하고 그 사람이 처한 환경과 현실을 탐구하는 과학'이라 설명한 바 있다.

드라마(drama)의 본래 의미는 저항을 극복하는 '행동(dram)'을 뜻한다. 즉 인간의 딜레마, 인간의 조건, 영혼의 흐름, 개인이 처한 불행과 불운을 객관화 및 행위화하는 것이다. 실제 모레노의 심리극은 1960년대 미국의 새로운 실험연극과 즉흥극 열풍에 지대한 영향을 미쳤다. 자발성과 창조성에 의한 새로운 연극, 새로운 무대를 창조하게 된 것이다.

오늘날 심리극이라고 하면 내면 깊은 곳에 있는 상처나 심리적 문제들을 끄집어내는 다양한 방법을 활용, 억압되어 있던 감정들이나 내적 갈등을 꺼내게끔 하여 상처를 치유하는 방법을 뜻한다. 개인과 집단의 심리적인 문제를 치료, 예방, 교육할 수 있는 효과적인 상담기법이라 할 수 있다.

각본이 없는 것이 특징

심리극의 가장 큰 특징은 주인공이 마음속에서 떠오르는 대로 즉흥적인 연기를 하는 것이다. 아무도 지시하지 않은 자발적이고 즉흥적인 연기를 통해 내면의 억압된 것들을 표출시킬 수 있기 때문이다.

심리극의 특징은 다음과 같은 것들이 있다.

- 참가자에게 대본이 주어져서는 안 된다.

- 참가자가 사전에 연습을 하지 않는다. 오로지 그 순간의 우러나오는 즉흥적인 극

이어야만 한다.

- 특정한 의상이나 무대장치, 도구가 필요하지 않다. 단, 무대를 어둡게 하거나 조명을 활용하여 극 속에 몰입할 수 있는 분위기를 만들 수 있다.

- 극을 이끄는 건 디렉터(감독)인데, 디렉터는 주인공의 내면적인 문제(트라우마, 불안감 등)을 잘 알고 있어야 한다. 또 극이 다른 방향으로 빠지거나 논점에서 벗어나면 디렉터가 올바른 방향으로 이끄는 책임을 진다.

- 집단(관객)은 주인공과 같은 내적 문제를 지니고 있는 사람들로 구성된다. 그래서 심리극은 개인뿐만 아니라 그 집단의 사람들과 함께하는 집단심리요법이 된다.

- 개인적인 문제가 아닌 공공의 문제를 다룰 때는 사회극(소시오드라마, sociodrama)라고도 부른다. 예를 들어 회사에서 동료나 선후배간의 갈등, 학교에서 왕따나 교우 갈등 문제들이 있을 때 즉흥극을 통해 내면의 문제를 꺼내는 것이다. 그럼으로써 자신이 속한 집단에 대한 개인의 생각을 돌아보고 서로 교감하고 교류해보는 것이다.

- 상대방과 역할을 바꾸어 극을 진행하는 방법도 있다. 이것을 역할극(롤플레잉, role-playing)라고 부른다. 상대방과 역할을 바꾸어 즉흥극(역할심리극)을 하면 자신의 문제를 타인의 입장이 되어 좀 더 객관적으로 성찰하는 데 도움이 된다.

②
심리극,
어떻게 진행되나요?

〈심리극에는 5요소가 있다〉

① **지금 여기**

　심리극은 지금 이곳(here and now), 즉 삶이 이루어지는 한가운데에서 과거나 미래가 아닌 현재의 문제를 다룬다.

　그래서 사무실이나, 집의 거실, 학교의 강당이나 운동장, 거리, 들판 등 삶의 시공간을 상징적으로 형상화한다. 심리극의 무대는 자신의 삶이 확장되는 공간이자 개개인의 내면이 새로이 탄생하는 시공간이 된다.

② **주인공**

　극의 주인공을 의미하는 프로타고니스트(protagonist)에서 'protos'는 '앞에 있는, 최초의(first)'라는 뜻이고, 'agon'은 죽음과 관련된 고통이나 불안을 뜻한다. 그래서 프로타고니스트는 중심인물 혹은 행위를 이끄는 사람을 의미한다.

　심리극의 주인공이 하는 일은 '지금 이 순간' 관객의 대표가 되어 자신을 행위화하고, 자신의 내면을 제대로 응시하고, 회의하고, 드러내고, 체험하고, 증명하는 것이다. 그동안 미처 보지 못했던 자신의 진짜 모습, 이 순간의 진실을 좇는다.

③ 보조자

　주인공의 또 다른 자아라는 의미에서 '보조자아'라고 명명하였으나 오늘날에는 그냥 '보조자'라고 부른다.

　보조자는 주인공이 필요로 하는 다양한 역할을 맡는 사람이며, 모든 인간이 타인 없이 존재할 수 없음을 상징하고 '너'라는 존재가 반드시 필요하다는 것을 보여주는 역할을 한다.

④ 디렉터

　디렉터(director)는 심리극의 전문가로서, 오랜 시간 심리극의 디렉터가 되기 위해 공부하고 훈련한 사람이다.

　심리극의 디렉터는 '지지자'이며 '촉진자'이다. 극중의 시공간과 핵심적인 사건을 축소하거나 확대시킨다. 눈에 보이지 않는 현미경과 망원경을 가지고 주인공과 함께 내면의 진실을 찾아 나서는 역할이다. 매 순간 주인공의 자발성을 자극하고 촉진시켜 창조성을 드러내게끔 도와준다. 또한 디렉터는 주인공, 보조자, 관객의 또 다른 보조자이기도 하다. 이 3가지 역할의 이중자로 행위하며 심리극을 전체적으로 책임지는 책임자이다.

⑤ **집단**

집단 혹은 관객이라고 일컫는다.

그러나 일반적인 연극에서의 관객처럼 단순하게 관람하는 사람들을 뜻하지는 않는다. 집단은 심리극의 뿌리와도 같다. 모레노의 말에 의하면 집단은 신(神) 자체로서, 잠재된 주인공들의 집합이다.

심리극에서는 언제든 자신의 워밍업 정도에 따라 주인공으로 등장할 수 있는 권리가 있다. 즉 심리극의 집단(관객)은 구경꾼이 아니라 공동참여자라고 할 수 있다. 그래서 심리극을 진행하는 내내 주인공과 집단 구성원 간에 교감과 만남이 이뤄지고 신뢰가 구축된다.

〈심리극의 3단계는?〉

① **1단계 : 워밍업**

워밍업은 '주인공이 탄생하기 이전까지의 모든 준비 작업 단계'이다. '개인과 집단의 자발성을 높이고 누구나 기꺼이 행위화를 통해 자신의 삶을 드라마화하고자 하는 의지를 갖게 하는 단계' 혹은 '자발성을 갖도록 촉진시키는 단계'라고 정의한다. 주인공과 참가자들의 긴장을 풀고 자발적으로 극에 빠져들 수 있게 하는 준비단계라고 할 수 있다.

워밍업에서는 다음과 같은 것들이 이뤄져야 한다.

1. 심리극에 대한 충분한 이해가 이루어져야 한다.
2. 그 집단의 특성에 맞게 워밍업이 이루어져야 한다.
3. 항상 '지금 이 순간'에 적절한 방법으로 진행되어야 한다.
4. 심리극에 참가하는 집단의 역동적인 힘을 촉진하는 방향으로 나아가야 한다.
5. 모든 것을 비판 없이 수용할 수 있는 분위기가 만들어져야 한다.

② 2단계 : 행위화

주인공이 자신의 내면의 문제를 무대 위에서 직접 행동으로 옮기는 실질적인 극의 단계를 뜻한다.

주인공은 연출자의 지도에 따라 다양한 상황을 행위하게 되는데, 이때 마음속 깊은 곳에 있던 죄의식, 원한, 두려움, 갈망 등의 억압된 감정들을 표현하고 표출하게 된다.

행위화를 위해서는 다음과 같은 작업이 이뤄져야 한다.

1. 인터뷰 : 인터뷰를 통해 주인공의 현재의 기분과 생각, 주인공이 되고자 했을 때의 느낌, 심리극에서 다루고자 하는 주제 등을 정립한다.
2. 장면 만들기 : 무대에서 어떤 장면을 만들 것인지 정한다.
3. 장면 전환과 단서 찾기
4. 보조자 선정과 역할 부여
5. 행위화 방법 정하기 : 직접화법, 감정 표현, 몸으로 실천, 동사로 표현하기 등.
6. 저항 극복하기

③ 3단계 : 나눔과 공감

  마무리 무대(closing stage)는 ① 마무리 장면, ② 역할 벗기, ③ 느낌 나누기, ④ 피드백, ⑤ 마무리 제의, ⑥ 심리극을 하고 난 평가와 리뷰의 6가지 과정으로 이루어진다. 이 단계는 주인공과 관객이 심리극을 통해 느낀 점과 경험한 감정을 공감하고 교류하는 단계라고 할 수 있다.

[point !]

♣ 심리극의 5요소
① 지금 여기 ② 주인공 ③ 보조자 ④ 디렉터 ⑤ 집단

♣ 심리극의 3단계
1단계 : 워밍업
⇩
2단계 : 행위화
⇩
3단계 : 나눔

3

실제 사례로 알아보는
심리극의 생생한 현장

- 연극영화과 입시생의 불안감 해소를 위한 심리극

과거에 비해 연예인의 위상이 높아진 현실 속에서 각 대학의 연극영화과 입시 경쟁은 상상을 초월할 정도로 치열하다.

그러나 연극영화과에 진학하고자 하는 학생들이 모두 비슷한 환경이나 처지에 있는 것은 아니다. 연기의 길을 걷고 싶은 학생들 중에는 집안 형편이 어려워 값비싼 학원비를 충당할 수가 없는 경우도 있고, 경제적으로 어렵지 않은 학생들 중에는 꼭 하고자 하는 간절함이 부족하여 의외로 재수를 하기도 한다. 경제적으로 여유가 있는 학생들은 연기 수업시간에 수동적인 수업 태도를 보이는 반면, 경제적으로 여유가 부족한 학생들은 연기 수업시간 때의 태도와 열의는 뛰어나지만 학원비로 인하여 부모님과 갈등하는 속앓이를 겪기도 한다.

연극영화과에 합격하기 위해서는 상상력이 풍부해야 하고, 구체적인 정서표현능력이 어우러져 노래와 춤, 연기의 종합 작품을 만들 수 있어야 하며, 즉흥 연기도 준비해야 하고, 면접에도 대비해야 한다.

이것을 훌륭히 소화하기 위해서는 나를 비우고, 나를 인정하고, 내가 아닌 역할의 타인과 하나를 이루어야 한다. 즉 몸과 마음이 자유로워야 한다.

그러나 내면에 불안감이 있을 경우 정작 나를 드러내고 비우는 작업을 대할 때 자격지심으로 인해 타인을 의식하는 강한 경계성 장애를 보이기도 한다.

이는 타인 앞에서 자기 자신을 완전히 내보이는 것에 대한 부끄러움, 혹은 칭찬을 받아야 한다는 것에 대한 집착이 주된 원인이다.

경제적인 지원을 해주는 보호자(부모님)에게 좋은 결과를 보여줘야 한다는 강박관념과 압박감도 강하다. 또 배우나 가수라는 직업이 자신에게 부와 명예와 가져다줄 수 있을까 하는 미래에 대한 막연함과 불안감, 원하는 길을 가고 싶은 간절함이 복합적으로 혼합되어 있기 때문에 더더욱 심리적 강박에 시달릴 수 있다.

이러한 미래에 대한 불안과 자기 자신에 대한 강박은 연극영화과 지망생에게 두드러지는 특징이라 할 수 있다.

좀 더 확장해서 생각하면 모든 입시생이나 취업준비생, 구직자, 이직자 등 각계각층의 학생과 사회인들이 공감하는 부분이기도 할 것이다.

- 심리극 준비 작업은 이렇게

어떤 사람들을 어떻게 선정했는가?

연기학원에서 연극영화과 입시의 정시를 준비하는 예비반, 정시와 수시를 준비하는 고3반, 재수를 하는 성인반, 총 25명의 학생에게 주1회 2시간씩 진행되는 즉흥 연기수업 중 자신이 과거 어떤 환경과 정서 속에서 성장했는지에 대한 자서전적 내용을 작성하도록 했다.

학생들이 제출한 내용을 살펴보니 부모의 이혼, 가정폭력, 왕따 경험, 어머니와의 사별 경험 등 어려운 현실을 겪은 학생들이 있음을 알 수 있었다. 연기수업 시의 참여도와 자발성 등을 토대로 상상력이 부족하다고 여겨진 학생 6명을 개별상담한 후 '외상 후 스트레스 장애 진단'을 작성하도록 하였다.

상담한 결과 이들 전원에게 '불안감'이라는 장애 요소가 있다는 것을 알게 되었다. 왕따나 폭력, 부모의 이혼 같은 개인사적 문제에 대해서는 의외로 자신들이 이루고자 하는 꿈과 자신의 가족 및 환경에 따른 문제를 개별화시키고 있었음을 상담을 통해 알 수 있었다.

이 학생들이 정작 갖고 있는 불안감의 요인은 장차 연기자가 되고 싶다는 간절한 꿈이 현실화 되지 못할 것 같은 두려움과 자신감 상실, 나보다 잘생기거나 예쁘거나 연기나 노래를 잘하는 경쟁자에 대한 위기의식 등이었다.

이와 같은 상담 결과를 토대로 '불안감'이라는 주제를 가지고 집단 심리극을 실시하게 되었다.

참여자를 이해하고 왜 심리극이 필요한지 공감 갖기

첫 계기는 답답함과 불안감의 원인을 몰라 괴롭다는 한 학생이 개인 상담을 원하면서부터 시작되었다. 그런데 그 학생의 문제는 그 학생 한 사람만 겪는 문제가 아니라 다른 학생들도 공통적으로 겪고 있는 문제들이라는 것을 발견하였다.

그래서 연기학원 원장과 교사들과 회의를 통해서 심리극의 필요성과 목적을 제안하였다.

배우라는 직업은 대중 앞에서 대중을 대상으로 연기하는 일이다. 그런데 나와 타인에 대한 강한 경계성 장애를 갖고 있는 경우, 타인들 앞에 나를 드러내고 타인 앞에서 안심할 수 있는 집단 상담이 큰 도움이 된다. 이를 통해 대학 실기 고사장에서의 담력을 키울 수 있고, 나아가 앞으로 연예계 생활을 하면서 끊임없이 벌어질 자신과 타인과의 갈등과 극복하며 성장하는 방법을 찾게 해줄 수 있다.

그리하여 심리극 신청을 받기로 했는데, 심리극을 실시하는 전날까지 신청자들이 망설일 정도로 공개적으로 자신의 내면을 드러내는 것에 대해 부담을 갖는 학생이 많았다. 그래서 개인상담 혹은 연기수업 때 교사들이 이 심리극의 필요성과 목적을 자세히 설명해주며 참가자들의 신상보호와 프라이버시를 최대한 보장해줄 것을 약속하고 이해를 구했다. 그 결과 전원이 신청을 하게 되었다.

　이후 자기 자신을 드러내어야만 내면의 문제를 치유할 수 있음을 알리고 교육하여 서로 공감에 이를 수 있었다. 또한 용기 있게 자신감을 표출하는 보람에 대해 교사와 학생 모두 진심 어린 공감을 가지게 되었다.

- 1단계 : 워밍업하기

참가자 : 영수, 철희, 영록, 승민, 상철, 소현, (이상 가명) 연기교사, 보컬교사, 원장
디렉터 : 윤재진
　(심리극에 참가하기 위해 한 자리에 모인 참가자들은 바닥만 쳐다보거나 무표정이다.)
디렉터 : 표정을 보니 많이 불편해 보이네요? 기분이 어때요? 한 명씩 있는 그대로 이야기해 볼까?

　영수 : 나가고 싶어요.
　철희 : 저는 나가고 싶지는 않아요. 어떻게든 제가 편안해지고 싶어요.
　영록 : 그냥 아무 생각 안 하려고 해요.
　승민 : 저도 그래요.
　상철 : 저는 정말 잘해서 꼭 대학에 가고 싶거든요. 근데 잘하려고 하면 할수록 이상하게 더 안 돼요. 좀 편해지고 싶어요. 답답해요.

소현 : 사실 지금 답답해요. 그런데 선생님을 믿고 싶어요.

디렉터 : 솔직한 기분을 말해줘서 고마워요. 우리 서로 약속을 할까? 첫 번째는 이 안에서는 충고, 판단, 지적은 하지 않기. 그럼 어떤 것만 하느냐? 공감하고, 격려하고, 지지만 하기! 어때요?
(전원 웃으면서 고개를 끄덕인다.)

두 번째는, 여기 이 공간에서 나눈 이야기들은 저 문 밖으로 나갈 때는 모두 지우기. 공감하고 지지한 내 마음만 소중히 새겨서 바깥세상에서 잘 살아가는 데 활용하기! 어때요?
(전원의 표정이 더 부드러워지고, "네!"라고 대답한다.)

우리는 오늘 자신감을 찾는 여행을 2시간 동안 동행할 거예요. 여행을 가는 출발 지점에 있는 거예요. 여행을 가기 전에 모두 눈을 감고 잠시 노래 한 곡 들어볼까요?
('가시나무' 노래가 흐른다.)

자, 천천히 눈을 뜨세요. 여기에는 색깔별 비행기가 세 대가 있어요. 불안한 비행기, 생각이 많은 비행기, 스트레스가 많은 비행기. 이 세 가지 색깔의 비행기 천에 가서 앉으세요. 여행이 시작된 겁니다.
(참가자들은 우물쭈물하다가 '불안'에 해당하는 천에 다들 모여든다. 스트레스도, 생각이 많은 것도, 불안해서 그런 것 같다는 말들을 한다.)

디렉터 : 불안 비행기에서 만난 반가운 여행 친구들입니다. 이제는 수다를 떨 거예요. 여행하면서 수다가 빠질 수 없지요? 어떤 순간에 불안한지, 불안하면 내 몸은 어떻게 반응하는지 서로 허심탄회하게 이야기를 나누시기 바랍니다.

(참가자들은 서로 이야기를 나눈다. '불안하면 아무 생각이 나지 않고 의욕이 사라진다, 연기를 못한다는 지적을 당했을 때나 나보다 잘하는 동료를 볼 때 표현과 아이디어가 떠오르지 않아 불안하다' 등등의 이야기를 나눈다.)

워밍업

심리극에 참가하는 참가자들의
마음을 오픈하고
분노나 불안 등의 감정을 서로
공유하는 시간을 갖는다.

- 2단계 : 주인공 선정하기

디렉터 : 여기 의자가 하나 있습니다. 나를 방해하고 괴롭히는 불안이라는

감정과 이별하고 싶은 분은 용기 있게 나와 주세요.

여러분들 대학에 꼭 들어가고 싶은 마음 간절하시죠? 저도 여러분 모두가 원하는 곳에 들어가길 바라는 마음 간절합니다. 간절한 마음이 강하다면, 성공해서 보란 듯이 당당하고 싶다면, 용기가 필요하지요. 용기를 가지고 의자에 앉아주세요.

(아무도 나오지 않고 시간이 2분 정도 지난다.)

(서로 눈치를 보다가, 시종 바닥만을 보던 상철이가 나와서 의자에 앉는다. 상철이가 심리극의 주인공이 된다.)

주인공 선정

심리극의 주인공은 관객(모든 참가자)들의
공통된 내면의 문제를 대표함과 동시에 자신의 문제를 정면으로 마주하는 역할을 한다.

- 3단계 : 행위화① 내면의 불안을 드러내기

디렉터 : 지금 기분이 어떠니?
　상철 : 떨려요. 긴장 돼요.

디렉터 : 불안이 차오르는 장소가 어디가 가장 심하지?

  상철 : 수업시간이에요.

디렉터 : 수업시간 중에서 어떤 순간? 구체적으로 말해준다면?

  상철 : 연기 할 때, 잘하고 싶은데 머리하고 몸하고 따로 놀아요.

디렉터 : 머릿속에서는 뭐라고 하니?

  상철 : 해봐야 소용없어, 잘해서 자존심 살리고 싶어….

디렉터 : 계속해. 괜찮아. 또 어떤 생각이 들지?

  상철 : 다른 사람들이 날 병신이라고 하는 거 같고, 잘난 척 한다고 하는 것도 같아요.

디렉터 : 병신하고 잘난 척은 완전히 다른 말인데, 어떻게 해서 반대되는 말이 동시에 떠오를까?

  상철 : 하면 못한다고 할 거고, 안하고 있으면 '자기가 얼마나 잘 하길래 안 해?' 그럴 것 같아요.

디렉터 : 아하! 그래, 충분히 이해가 간다. 그럴 수 있지.

  상철 : (살며시 미소를 짓는다)

디렉터 : 여기 친구들 중에서 불안한 나를 표현해줄 친구를 불러줄래? 너를 대신해줄 친구.

  상철 : 영록이요.

디렉터 : 영록이는 가운데 서고, '해봐야 소용없어'라고 생각하는 너를 불러줄래?

  상철 : 승민이요.

디렉터 : 승민이는 상철이 앞에 서자. 또 '잘해서 자존심 살리고 싶어' 라고 생각하는 너를 대신해줄 친구 부르자.
　상철 : 철희요.
디렉터 : 철희는 상철이 오른쪽에 서 있자. 또 '병신같이 못하네' 를 해줄 친구는?
　상철 : 영수요.
디렉터 : 영수는 상철이 왼쪽에 서자. 마지막으로 '잘난 척 하네' 라고 생각하는 너를 불러줄까?
　상철 : 소현이요.
디렉터 : 소현이는 상철이 뒤에 서자.
　자아, 모두 자신이 맡은 역할의 말을 반복해가며 큰소리로 하는 거야. 그리고 가운데 있는 상철이의 자아를 계속 돌아.
　돌면서 큰소리로 계속 멈추라고 할 때 까지 말해. 시작!

　(참가자들은 주자아(상철이가 자신의 자아로 선택한 영록이)를 가운데 놓고 보조자아들이 되어 원을 그리고 움직인다.
　보조자아들은 각자 "해봐야 소용없어", "자존심 살리고 싶어", "병신아", "잘난 척 하네" 등 큰소리로 자기 역할대로 말한다.)

디렉터 : 상철이는 의자에 올라가서 이 모습을 다시 보고, 보조자아들은 이번에 똑같이 하되, 상철이의 자아인 영록이를 손으로 툭 치면서 외친다. 시작!

(상철이는 의자에 올라가서 자신을 대신한 또 다른 자신이 보조자아들에게 밀쳐지는 것을 바라보다가 눈물을 흘리기 시작한다.)

디렉터 : 자, 그만! 상철이 기분이 어떠니?
　상철 : (울면서) 가슴이 답답해요.
디렉터 : 저 생각들이 날 때, 너는 가슴이 답답하고 눌려지는 것 같아?
　상철 : 네, 맞아요. 심장이 터질 것 같아요.

행위화 ① 내면의 불안 드러내기

주인공이 내면에 가지고 있는 묵은 감정
(불안, 분노 등)이 무엇인지
본격적으로 드러내는 행위를 한다.
처음에는 드러내기를 꺼려하거나
두려워하는 경우가 많지만,
주자아와 보조자아들의 행위를 통해
주인공 및 관객 모두가
자신의 내면을 직접 바라볼 수 있다.

- 4단계 : 행위화② 내면의 불안과 직접 대면하기

(주자아 영록이를 바닥에 눕힌다. 보조자아들에게 엎드려서 가슴을 압박하며 "해봐야 넌 안 돼", "자존심 살리고 싶어", "이 병신아", "잘난 척하네"를 반복시킨다. 점점 큰 목소리로 반복하면서 압박하는 힘도 가한다.)

(그러자 상철이는 고개를 숙이고 운다. 디렉터는 벽에다 대고 소리를 지르도록 시킨다. 처음에는 큰소리를 못 내다가, 자신의 분신이 겪는 고통을 보면서 소리를 지르기 시작한다.)

디렉터 : 너 자신을 어떻게 하고 싶니?
　상철 : 저것들을 다 치워버리고 살려주고 싶어요.
디렉터 : 너의 힘을 보여줘. 할 수 있겠어?
　상철 : 아니요. 힘이 없어요.
디렉터 : 왜?
　상철 : 교수들 얼굴이 보여요. 죽여 버리고 싶어요.
(이때 디렉터가 의자를 가지고 와서 내려치기를 시킨다. 상철은 의자를 내려치며 교수들을 공격하는 말을 내뱉기 시작한다.)

　상철: 놈들! 너희들이 그렇게 잘났어? 사람을 무시해? 죽여 버릴 거야!
(계속 소리 지르며 강하게 힘주어 내리친다.)

디렉터 : 자, 이제 네 자신을 이제 꺼내줘야지. 네 심장 터질게 할까?
　상철 : 아뇨….
　(기철은 소리를 지르고 보조자아들을 밀치며 주자아를 구한다.)

디렉터 : 너한테 어떻게 해주고 싶니?
　상철 : 미안해, 힘들게 해서…. 내가 너를 지킬 거야. 다시는 이렇게 힘들게 안 할 거야.
　주자아 : 일주일 지나면 또 힘들게 할 거잖아?
　상철 : 아니야. 내가 널 지켜.
디렉터 : 주자아는 여기 의자에 앉자. 기철아, 너를 불안으로 가져가게 하는 말들이 또 뭐가 있지?
　상철 : "넌 안 돼"요.
　(디렉터는 '넌 안 돼' 보조자아를 나오게 하여 천을 잡고 기철이 몸에 두른다. '넌 안 돼' 보조자아는 기철이를 계속 따라다니며 말한다. 상철이는 원을 그리며 몇 바퀴 돈다.)

　'넌 안 돼' 보조자아 : 넌 안 돼. 소용없어. 돈 낭비야. 난 실기고사장 안에도 들어가서 널 불안하게 하고 괴롭힐 거야.
　상철 : (계속 가면서 운다.) 안 돼. 이번에는 꼭 붙어야 돼.
　'넌 안 돼' 보조자아 : 내가 너를 막는 게 아니라 네가 나를 부르잖아. 네가 부르니까 내가 와서 널 괴롭히지. 날 찾는 건 바로 너야.
　상철 : 오지 마, 오지 마….

(그때 모든 보조자아들이 울기 시작한다.)

디렉터 : 실기 고사장이나 수업시간에 애를 부르기 싫으면 상철이가 천을 빼앗아야 해. 그래야 너한테 얘가 안 와.

(상철이는 있는 힘을 다해 소리를 지르며 천을 빼앗는다.)

행위화 ② 내면의 불안 대면하기

내면의 불안을 끄집어냈다면
이제는 그 감정과 직접적으로
대면하는 행위화를 시연한다.
부정적인 감정들이 실질적인 캐릭터가 되어
자신을 직접 압박하는 장면을 보면서
그동안 자신을 억눌렀던 감정의 실체가
무엇인지 자각할 수 있다.
자신의 불안을 대면하는 과정에서 감정이 격해지거나 분출되기도 한다.

- 5단계 : 행위화③ 나를 비우고 인정하기

디렉터 : 상철이는 왜 시험에 떨어진 거지?

상철 : 잘난 척 했어요. 입시에 떨어진 사실을 인정 안 했어요. 죽을힘을 다하지 않았어요. 대충 했어요. 그래도 붙을 줄 알고….

디렉터 : 왜?

상철 : 자존심이 상해서 인정이 안됐어요. 지기 싫었어요. 근데 열심히 안 했어요.

(디렉터는 나머지 참가자와 교사들도 모두 나와서 다리를 넓게 벌리고 서게 한다.)

디렉터 : 자, 여기 상철이가 인정하고 받아들여야 하는 타인들이 있어. 선생님들의 충고와 이야기, 나보다 더 잘하는 친구들, 나보다 더 못하는 것 같은 친구들, 모두가 네 자신이 인정하고 박수쳐 주고, 배워야 하는 타인들이야.

자, 타인들의 다리를 밑으로 천천히 인정하면서 기어가. 빨리 가면 안 돼. 그건 무시하는 거야.

박수치고, 인정하고, 배우는 마음으로 천천히, 아주 천천히 가는 거야? 할 수 있겠어?

상철 : …….

디렉터 : 이기는 마음은 싸우는 마음, 힘을 쓰는 마음도 있지만, 져주는 마음도 있어야 해. 실기고사장 안에서 너보다 잘생긴 사람을 인정하고, 너보다 연기 잘하는 사람을 미워하지 말고 배우려고 하는 진짜 이기는 지는 마음. 행동으로 보여줄 수 있겠니?

상철 : 해 볼게요.

(상철은 울면서 천천히 기어가다 멈추다를 반복하다 끝까지 기어서 나온다. 기철이 모두 마치자 모든 참가자들과 교사들이 박수를 친다. 기철은 주저앉아서 한참 운다.)

상철 : (울음을 그치고 일어선다.) 별 거 아니었어요. 맘이 편했어요. 인정하면 되는 건데.
디렉터 : 자, 네 자아들을 어떻게 마무리하고 싶니?
상철 : 미안해. 이젠 너희들이 없어도 돼.
(디렉터는 보조자아들을 조용히 자리로 들어가 앉게 한다.)

디렉터 : 의자에 앉아있는 너와 다시 한 번 만날까?
주자아 : 일주일 지나면 나 힘들게 할 거잖아.
상철 : 아니야, 이젠 아니야. 이젠 남들하고 경쟁 안 해. 내가 하고 싶은 거 할 거야. 떨어져도 이 길을 가기 위해 남들과 다르게 노력하면 돼. 난 죽을 때까지 배우를 할 사람이니까 대학이 꼭 절대적인 건 아니야. 괜찮아. 남들하고 경쟁하는 게 아니라 내 실력을 쌓을 거야.
(주자아와 상철이 서로 끌어안고 함께 소리 내어 운다. 관객들도 모두 눈물을 닦고 있다.)

디렉터 : (울음소리가 잦아들 때까지 기다린 후) 자, 서로 인사 나누고 자리에 앉자.

행위화 ③ 비우고 인정하기

캐릭터들의 행위화를 통해 자신의 불안을 날 것 그대로 대면하는 격한 과정을 경험한 후에는 그것을 비우고 스스로를 인정하는 행위화를 한다. 비우고 인정하는 행위화를 통해 그동안 쌓여왔던 내면의 문제가 무엇 때문이었는지를 스스로 알아차리고 능동적으로 개선하고자 하는 의지를 갖게 된다. 참가자 모두가 교감하면서 주인공의 행위화를 통해 자신의 내면을 들여다볼 수 있다.

- 6단계 : 마무리하기 - 나눔과 공감의 마당

디렉터 : 심리극을 해보니 어떠니?

상철 : 많은 생각들이 이렇게 직접적으로 가슴을 누르는 걸 보니까 어떻게든 해야겠다는 오기와 힘이 생기고, 기어서 지나가는 게 신기하게 편안했어요. 나를 비우는 거….

디렉터 : 이 시간 이후로 상철이에게 변화가 생긴다면?

상철 : 나를 버리고 진짜 연기를 진심으로 할 수 있을 것 같아요.

디렉터 : 자, 다른 사람들도 기철이의 드라마를 통해서 깨달은 소감을 이야기해 주세요.

소연 : 저는 내내 울었어요. 저도 딱 그래요. 자신 없고 불안한 생각들이 심장을 눌러요. 나는 안 돼 하는 불안이 사라지질 않았어요.

철희 : 자존심이요. 저는 저보다 잘생긴 사람을 보면 무조건 거슬렸어요. 불안했어요. 저 사람 때문에 내가 떨어질까 봐요.

디렉터 : 그런데 앞으로는?

철희 : '잘 생겼네' 라고 인정하고 신경 안 쓸 것 같아요.

연기교사 : 난 오해를 했었어. 너희들이 나를 무시하는 줄 알고. 그런데 너희들이 이렇게 괴로워하고 불안해했는지 몰랐어. 우리 잘해보자.

보컬교사 : 나도 힘이 되어주줄게.

원장 : 나도 자신이 없을 때가 있고, 운영을 하면서 불안하고 그래. 그걸 나도 알지. 함께 힘을 모아보자.

디렉터 : 자, 각자 맡았던 역할을 다 털어내십시오. 오늘의 심리극을 모두

마치겠습니다.

나눔과 공감

심리극을 마친 소감을 이야기하고
앞으로의 변화된 자신의 모습과 의지를 나누며 공감의 시간을 갖는다.

[After…]

심리극 진행 후 실제적인 치유 효과가 나타나다

이렇게 해서 심리극을 모두 마무리했다.

심리극을 경험하기 전에 학생들에게서 보였던 저조한 수업참여도나 무표정의 원인은 입시에 대한 불안과 두려움에 따른 외상 후 스트레스 장애 진단에서 나타났다.

외상 후 스트레스의 원인인 입시 실패 경험이 다시 반복될 것 같다는 불안과 낮은 자존감을 갖고 있던 참가자들은, 이 심리극을 통해 카타르시스를 느끼며 불안한 생각들을 객관화시켜 직면할 수 있었다. 불안감을 극복할 수 있는 힘과 자신을 있는 그대로 인정하는 마음을 체험함으로써 평정심을 갖는 데 심리극이 상당한 효과를 준 것으로 나타났다.

 심리극을 경험한 지 한 달이 지난 후 다시 진단을 한 결과, 그 전에 갖고 있던 경계심이 사라지고, 불면증이 심했던 학생들의 경우 숙면을 취할 수 있게 되었다. 또한 연기학원 수업시간의 참여도와 능동성이 부쩍 발전한 모습을 보였다.

④
모든 직업군에 심리극 처방이 **필요한 이유는?**

나를 위한 행복 vs 남을 위한 행복?

　내면의 상처를 뜻하는 트라우마라는 것은 '생각'이 아니다. 체념의 정서와 온몸을 휘감은 차가운 감각이 합쳐진 것이다.
　정서와 감각은 오래 간다. 단기간에 해결될 수 있는 것이 아니다. 그래서 타인의 "괜찮아질 거야." "시간이 지나면 괜찮을 거야." "기운 내." "힘 내."와 같은 위안의 말들은 정작 힘들어하는 당사자에게는 위로가 되기는커녕 오히려 당사자를 더 답답하게 할 때가 많다.
　왜냐하면 상처받은 사람들 혹은 트라우마로 인해 고통스러워하고 있는 사람들은 단순한 생각 때문에 힘든 것이 아니라, 아무리 노력해도 사라지는 않는 정서와 감각 때문에 몸부림을 치고 있는 것이기 때문이다.

　각계각층의 사람들을 대상으로 심리극을 진행하다 보면 사회적으로 선망 받는 훌륭한 직업군에 있는 사람들이 오히려 내면의 고통 때문에 오랜 기간 힘들어하고 있었던 경우가 적지 않다.

남부러울 것 없는 직업을 갖고 있거나 사회적으로 높은 지위에 있는 사람이라 하더라도 자기 자신을 위한 행복한 삶을 살지 못하고 있었을 수도 있다. 남이 강요한 행복, 타인에 의한 억압과 희생을 감수하고 살아온 사람들은 심리극을 통해 자신의 깊은 상처와 마주하는 경우가 많다.

다양한 직업군에 적용한 맞춤형 프로그램으로 진행

그래서 심리극은 어느 직업군, 어떤 지위에 있는 사람들에게도 적용될 수 있는 범위가 무궁무진하다.

예를 들어 최근 사회문제가 되고 있는 어린이집의 교사들과 학부모들에게도 저마다 내면의 상처와 문제들이 누적되어 있다. 아이들에게 폭력을 행사한 일부 교사들의 분노조절장애 문제도 치유의 대상이지만, 자기 직업과 아이들을 사랑했던 대다수의 교사들에게도 억울함과 같은 내면적 문제들이 많이 쌓여 있다.

이처럼 극도의 스트레스가 누적되어 사회문제화 된 직업군의 경우 심리극을 경험하게 함으로써 누적된 문제들을 마주하고 해소하게 할 수 있을 것이다.

기업체에서 부서 내에서의 불협화음 문제나 부서 간의 소통 문제, 정직

원과 계약직 간의 문제, 불특정 다수의 고객들이 행하는 '갑질' 때문에 상처받고 있는 콜센터 직원들의 내면의 문제들을 해소하는 데 있어서도 심리극을 다양하게 활용할 수 있다.

또한 범죄 현장의 협상 기법을 배우는 경찰들도 심리극을 통해 범죄자 역할과 인질 역할을 하며 구체적인 협상 기술을 익힐 수 있다. 공사 현장이나 특정 시설물과 관련된 조직의 담당자들을 대상으로 안전을 주제로 한 역할극을 진행할 경우, 일방적으로 전달되는 주입식 강연보다 훨씬 더 능동적이고 적극적인 참여도를 이끌어내고 주제에 대한 실감 나는 공감을 이끌어내어 행동에 변화를 추구할 수 있다.

단, 회사나 기업체에서 심리극을 진행할 경우에는 그 심리극에 참여한 후에도 참가자들이 계속해서 조직 내에서 얼굴을 봐야 하고 직장생활을 해야 하기 때문에 서로 불편한 일이 발생하지 않도록 조절한다. 그런 경우에는 소규모 심리극보다는 단체 워크숍 개념의 프로그램을 적용한다.

어린 시절의 상처는 평생 간다

상담을 하다 보면 어린 시절 가정폭력을 경험한 사람들이 성인이 되어서도 고통에 시달리고 대인관계에 어려움을 호소하는 경우가 굉장히 많다. 아이들의 행복 중 가장 중요한 것은 돈도 아니고 선물도 아니다. '싸움이 없는 가정'을 뜻한다. 부모가 폭력을 행사하며 다툼을 하거나, 술을 먹고 욕설이나 폭력을 일삼거나, 어른들이 대화가 아닌 지시적인 명령어만을 남발하는 가정에서 자란 아이들은 힘든 현실을 잊기 위한 다른 도피 수단을 찾는다. 스마트폰이나 컴퓨터 앞에 몰두하며 현실을 잊고 싶고, 듣고 싶지 않아서이다.

 부모들의 가장 흔한 착각은 자식에게 미안해하지 않아도 저절로 알 것이라고 생각하는 것이다. 그러나 미안해하지 않으면 아이들의 상처는 성인까지 지속된다.
 그래서 가정에서 부부싸움을 하거나 가족 구성원 간에 폭력을 행한 경우 반드시 48시간이 지나기 전에 진심으로 자녀에게 사과를 해야만 한다. 그렇지 않을 경우 그 아이의 상처는 평생 갈지도 모른다.

비행청소년들의 심리극

 심리극은 한창 예민한 시기인 중고등학생들의 심리를 진단하고 치유하는 데에도 큰 역할을 할 수 있다.
 요즘에는 심리적인 문제를 안고 있는 청소년들이 부쩍 많아지고 있다. 학업 스트레스 때문에 어릴 때부터 힘들어하는 아이들도 많다. 아직 중학교 1학년짜리 학생이 분노조절장애를 겪다 상담을 받으러 오기로 한다.

비행청소년들을 데리고 심리극을 진행할 때도 많은데, 심리극을 진행하면 그 아이들의 내면의 문제가 무엇인지, 그리고 앞으로 얼마나 개선시킬 수 있는지 가능성을 진단할 수 있는 좋은 기회가 된다.

예전에 심리극을 진행한 비행청소년들 중에 절도와 폭력을 일삼아 경찰에 붙잡힌 아이들이 있었다. 그런데 그중 겉으로는 얌전해 보이는 한 아이를 상담과 심리극을 통해 지켜본 결과 안 좋은 느낌이 왔다. 사이코패스의 기질이 보였기 때문이다. 이런 경우 치료가 오래 걸릴 수도 있고 시기를 놓치면 치료가 영영 어려울 수도 있다.

하지만 일찍 예상하고 누군가가 도움의 손길을 뻗어주기만 해도 결과는 얼마든지 달라질 수 있다.

심리극을 진행하면 무의식에서 비롯된 행동들이 수면 위로 올라오기 때문에, 일반적인 상담보다 훨씬 더 깊고 면밀하게 그 아이를 관찰할 수 있다. 그래서 심리극은 청소년들의 내면을 치유하고 앞으로 더 큰 사고를 저지르지 않도록 예방하는 방편으로 활용할 수 있다.

심리극, 내면의 상처를 치유할 수 있는 돌파구

몇 년 전, 한 케이블 방송 프로그램에 심리극 전문가로 고정출연을 하며 심리극을 실제로 진행한 적이 있다.

그런데 그 프로그램은 어디까지나 예능 프로그램이었기 때문에 심리극을 제대로 진행하는 데는 제약이 많았다. 게다가 촬영시간 15분 안에

역동적인 장면이 나와줘야 하는 방송 특유의 한계도 있었다.

보통 심리극을 하면 최소 2~3시간은 진행을 해야 한다. 그래야 참가자들의 내면에서 문제가 됐던 것들이 나오기 시작하고 소위 '클라이맥스'와 같은 극적인 장면도 나올 수 있다. 하지만 방송 녹화에서는 그렇게 진행을 할 수 없기 때문에 애로점이 많았다.

그래도 심리극이라는 기법을 통해 내면의 불안이나 트라우마를 드러내며 치유의 기회를 만날 수 있다는 것을 좀 더 많은 사람들에게 알릴 수 있어서 충분히 보람 있었다.

사람의 내면의 상처라는 것은 짧은 시간에 만들어지는 것이 아니다. 짧은 시간에 지워버릴 수 있는 것도 아니다.

수면 위로 드러내고 마주하고 해소하고 치유하기 위해서는 반드시 특별한 계기와 기회가 마련되어야 한다. 그 기회가 되는 심리극을 더 많은 사람들이 접하고 경험할 수 있었으면 한다.

윤재진의 실전사례

군대폭력을 당한 후 살해욕구에 시달린 군인

군 복무 중인 A씨(22세, 남)가 어머니와 함께 상담센터에 왔다. 휴가 중에 상담을 받으러 온 그는 이틀 후 부대에 복귀를 해야 하지만 부대도 본인도 가족도 불안한 상황이었다.

이유는 다름 아닌 군대에서의 폭행과 따돌림 때문. 그는 상급 병사들로부터 언어폭력과 신체적 폭행을 당하고 있었다. 당하다보니 점점 괴물이 되었고, 괴물이 되어가는 것을 감지한 부대에서는 일부러 휴가를 보냈다.

그에게는 또 하나의 말 못할 고통이 있었다. 그는 어려서부터 아토피성 피부염을 앓았다. 가려움을 견뎌야 하는 고통은 상상을 초월하는 것이었다. 학교에서는 화장실에 숨어서 긁어야 했다. 건강한 피부를 가진 다른 사람들이 너무나도 부러웠고, 그들이 자신을 비웃으며 더럽다고 할 것 같아 불안했다. 막상 남들이 말을 먼저 걸어주면 쑥스러워 어떻게 반응해야 할지 몰랐다. 그런 모습은 남들로 하여금 '아, 저 친구는 다가가면 불편해하는구나!' 라는 오해를 불러일으켰다.

어려운 상황을 버티며 겨우 학창시절을 보내고 군대에 입대했지만 문제는 더 커졌다. 다른 병사들이 "더러운 새끼!", "딴 데 가서 긁어, 이 병신아!" 라고 하며 노골적으로 욕을 하고 따돌린 것이다. 언어폭력은 이내 신체적인 폭행으로 발전했고 나날이 심해졌다. 다른 병사들도 본인이 살기 위해 한 편이 되어 괴롭힘을 거들었다. 그러던 어느 날 상병이 그의 머리를 때리며 "병신아, 뭘 봐!" 하고 욕을 퍼부었다. 그리고 또 다시 폭행이 시작되었다. 그런데 그 순간부터 A씨가 변했다. '두고 보자!' 하는 오기가 생기면서 여러 가지 무기로 그들을 죽이는 상상을 했다. 그러자 폭행을 당하면서도 마취를 당한 듯 고통이 사라지는 것이었다. 그는 노트에다 죽이고 싶은 병사들의 이름을 적었다. 그의 노트에 적힌 사람은 무려 4명이었다. 일종의 '데쓰 노트'를 작성한 그는 훈련을 받을 때도, 잠들기 전에도 혼잣말을 하기 시작했다. 이내 부대 안에서 그가 이상하다는 것을 눈치 챘고, 급기야 그에게 휴가를 다녀오라고 명한 것이다.

오랜 기간 따돌림의 고통에 시달리고 군대에서 폭력을 당한 A씨에게 "긍정적인 마음을 가져라." "시간이 해결해준다." "속상하겠다."와 같은 말들이 과연 와 닿을까? A씨가 원하는 것은 분풀이와 복수였다. 자신에게 고통을 가한 사람들을 다 죽여 버리고 싶은 것이다. 그들을 죽이고 자신도 죽으면 된다는 극단적인 욕구만이 남은 것이다.

오랜 기간의 폭력 피해, 그리고 살해 욕구

상담을 받으러 왔을 때 그는 모자를 깊이 눌러 쓰고 눈을 이리저리 돌리며 시선을 피하는 모습이었다. 시선을 돌린다는 것은 불안하고 자신이 없다는 무의식적 표현이다.

타인과 의사소통이 어려운 사람에게 마음을 묻는 직접적인 질문을 하면 대답을 잘 하지 못한다. 자신의 마음을 남에게 표현한 적이 없어서 무엇을 어떻게 표현해야 하는지 모르고 단어도 한정되어 있어서 불안을 가중시킨다. 우선 다음과 같은 간단한 역할극을 통해 치료적 동맹을 이룰 수 있도록 했다.

상담자 : (의자를 가리키며) 이 의자는 그냥 의자가 아니라 본인이에요. 이 의자에

있는 이 친구는 왜 눈을 마주치지 않고 시선을 피할까요?

내담자 : 몰라요...

상담자 : (의자를 쓰다듬어주며) 속에 많은 감정들이 뒤엉켜 있나 보다. 안쓰럽네. 힘들게 살아왔겠다.

내담자 : (한 번 쳐다보고 바로 고개를 숙이며 고개를 끄덕인다.)

상담자 : 분한 거, 억울한 거, 어마어마하게 많나 봐. 분하고 억울한 일이 얼마나 오래 되었으면 오죽했으면 말도 못할까.

내담자 : 너무 억울해요. 다 죽여 버리고 싶어요...

그에게는 분노를 해소하게 할 적극적인 치료가 필요했다. 그래서 분노 해소 심리극을 진행하기로 했다.

분노해소 심리극의 실제

〈분노의 화두〉

'세상 모두에게 분하다. 당한 건 나인데 나만 피해자로 살고 있다. 나쁜 짓을 한 사람들은 너무나도 잘 살고 있다. 불공평하다. 불공평한 세상을 더 이상 살 이유가 없지만 혼자 죽기는 너무 억울하다. 나에게 무릎을 꿇게 하고 돌아가면서 때린 그들을 죽이고 싶다. 칼로 찌르고 싶다. 목을 조르고 싶다. 총으로 쏘고 싶다.'

〈참가자〉

디렉터, 보조자, 주인공, 주인공 어머니

〈워밍업〉

타임머신 워킹 : 한 걸음씩 걸으며 과거로 돌아간다. 한걸음 내디딜 때마다 5살 단

위로 그때 무슨 일이 있었는지 말하도록 한다.

5~10세 : 혼난 기억이 많다. 부모님이 자주 싸우고, 아빠는 화만 내고 무섭다. 부모님이 싸운 다음날이면 엄마가 나한테 화를 낸다.

11~15세 : 친구들에게 놀림을 당한다. 아이들이 건드려도 대들지 못한다. 외롭다. 엄마한테 말해보지만 엄마는 신경을 쓰지 않는다.

16~20세 : 친구들에게 폭행을 당한다. 친구들이 번갈아가며 때린다.

(과거의 일을 말하던 주인공이 주먹을 쥐고 바닥만 쳐다본다. 걸음을 멈추고 숨소리가 거칠어진다.)

〈재연 행위화〉

디렉터 : 누가 생각나지?

주인공 : (낮고 분노에 가득 찬 목소리로) 그 새끼들... 내 따귀를 때린 새끼들...

〈장면 만들기〉

4명의 보조자들이 주인공을 가운데 놓고 선다.

디렉터 : 이 나쁜 놈들이 무슨 짓을 했니? 이 나쁜 놈들. 가만 놔두면 안 돼, 이런 것들은. (이때 주인공의 심정과 공유하기 위해 주인공이 느끼는 감정을 더 확대해서 일부러 '나쁜 놈들'이라고 말해준다.)

주인공 : 툭툭 건드려요. 욕을 하고 무릎을 꿇으라고 명령해요. 다른 애들은 킥킥 웃어요.

디렉터 : 괘씸한 것들. 인간의 탈을 쓰고 어떻게 사람한테 이래!!

주인공 : 맞아요!!!

〈재연〉

보조자 한명이 천을 주인공에게 던진다. 그러자 주인공은 보조자의 목을 조르려고 바로 달려든다. 보통은 재연을 시작한 후 5~10분은 지나야 주인공의 감정이 몰입이 되는데, 이번 경우는 주인공이 자신의 몸에 천이 닿자마자 상대방에게 달려들었다. 그만큼 분노감정의 위기상황에 다다른 것이다. 디렉터는 보조자의 목에 가 있는 주인공의 손을 뗀다. 그리고 의자를 앞으로 가져간다.

디렉터 : 자, 이 의자가 그 나쁜 놈들 4명이야. 의자를 실컷 내려쳐. 이 놈들도 똑같이 당해야 돼.
(말이 떨어지기 무섭게 주인공은 신문으로 만든 몽둥이로 의자를 내려치기 시작한다. 말도 하지 않고 내려치기만 한다. 얼굴이 붉어지고 호흡이 거칠어진다. 10분 가까이 의자를 내려치던 그의 온몸이 땀으로 범벅이 된다.)

주인공 : 이거 가지고는 안 돼요. 내가 당한 것보다 너무 약해. 으악! (주먹을 쥐며 고통스러워한다.)

디렉터 : 벽으로 가자. 그동안 네가 당한 만큼, 억울한 만큼 이 벽을 실컷 두들겨. 욕도 하고 혼내야지. 자기들이 뭔데 사람을 괴롭혀!! (디렉터가 먼저 벽을 치며 시작한다.) 너희들이 인간이야? 이 개새끼들!!
주인공 : 너희는 즐겼지? 이 씨발놈들아! 재밌었어?
(의자를 내리칠 때보다 더 세게 벽을 향해 몸을 부딪치다시피 하며 내리친다. 힘들면 잠시 멈췄다가 이내 다시 분한 듯 벽을 친다. 그러기를 약 30분. 그의 온몸은 땀으로 범벅이 되어 있다. 그 모습을 지켜보고 있던 주인공의 어머니가 울기

시작한다.)

주인공 : 이것만으로는 분이 안 풀려요. 찌르고 싶어요!!

(소품으로 베개를 가져와 분노 욕구를 해소시키도록 한다. 주인공은 소리를 지르며 주먹을 꽉 쥐고 바닥에 있는 베개를 내리치다가, 천으로 베개를 묶고 양손으로 쥔 후 힘껏 조이며 마치 짐승처럼 포효를 내지른다. 그 다음 그것들을 벽에다 던져버린다. 울고 있던 어머니도 울부짖기 시작한다. 주인공은 바닥에 털썩 주저앉아 어깨를 들썩이며 운다. 주인공은 오랜 세월 동안 자기 안에 있던 이 괴물을 끌어안고 발버둥 치며 살아왔던 것이다.

심리극의 장점은 말이 아닌 행위로써 내면의 분노감정을 빼낼 수 있다는 것이다. 땀을 흘리고 힘을 쓰면 육체의 욕구가 우선 해소된다. 그러한 몸의 욕구를 땀으로 빼내야 한다.)

나는 데이트도 한 번 못했어요... 엄마가 미워... 왜 내 말을 들어주지 않았어... 내가, 내가, 얼마나... 나도 사람답게 살고 싶어...!

어머니 : (울면서 아들에게 달려가 끌어안는다.) 엄마가 미안해... 우리 아들... 어떻게... 어떻게, 미안해...미안해... (모자는 끌어안고 울기만 한다.)

주인공 : 엄마... 나 무서웠어...

(주인공은 아이처럼 엉엉 운다. 주인공에게는 아직도 아이가 있다. 위로 받지 못한 아이, 사랑받지 못한 아이, 관심 받지 못한 아이가 있었다. 그 아이를 달래주고 안아주어야 한다.)

이렇게 해서 A씨의 분노해소 심리극이 마무리되었다.

분노의 이면에는 서러움의 감정이 내재되어 있다.

분노의 감정이 걷히면 서러운 감정이 기다리고 있다. 서러움에 대한 위안을 받으면 제대로 살고 싶은 간절한 감정이 있음을 확인할 수 있다. 분노조절에 문제가 있는 사람을 무작정 손가락질할 수 없는 이유가 여기에 있다.

심리극을 하고 나면 개인차가 있지만 대개 일주일에서 열흘 정도 실제로 앓는다. 온몸이 나른하며 잠이 쏟아지기도 하고, 이런저런 장면들이 파노라마처럼 떠오르기도 하고, 밤에 잠을 못 이루기도 한다. 이 과정을 본인이 스스로 견뎌야 한다.

열흘 정도 지나서 A씨에게 전화를 했다.

"요즘 기분 어떠니? 많이 힘들었지?"

"네... 근데 괜찮아졌어요."

"노트에 메모한 것은 어떻게 하기로 했어?"

"그런 짓 해봐야 제 손해인 것 같아요!"

"그래! 정말 고맙다. 또 힘든 날 있으면 언제든지 와도 돼."

A씨에게는 사람들을 죽이고 싶다는 욕구보다 '제대로 평범하게 남들처럼 살고 싶다.'는 욕구가 훨씬 강하고 간절했음을 다시 한 번 확인할 수 있었다. '죽이고 싶어.'라는 욕구는 곧 '죽도록 남들처럼 살고 싶어. 위로 받고 관심 받고 싶어.'였던 것이다.

[부록]

감정회복을 위한 실전 참가 프로그램 어떻게 진행 되나요?

대상: 학교, 가정, 직장, 정부단체 등

〈진행1〉

역할극을 통한 '소통과 교감'의 워크숍

조직이나 기업체의 부서 팀원 20~30명을 기준으로 한 연극(심리극, 역할극, 상황극 등 여러 가지 방법으로) 수업의 경우 워크숍의 형태로 심리극 전문가의 강의와 구성원이 직접 해보는 연극을 병행하여 진행할 수 있다. 직업군과 조직의 특성에 따라 다양한 방식과 구성으로 활용할 수 있다.

왜 효과적인가?

- 연극이라는 형식을 통해 실제 상황을 간접적으로 체험하도록 하여 조직원의 감성을 자극하고 즉각적이고 자발적인 변화를 유도하는 데 효과적이다.

- 극을 통해 주어진 상황에 대한 조직 내에서의 문제 해결 등 피부에 와 닿는 현실적인 행동방안을 찾을 수 있게 해준다.

- 수동적인 개인에서 능동적인 구성원으로, 단순하고 평면적인 이해에서 복합적이고 실질적인 이해로 변화를 가져다준다.

- 구성원 개개인의 새로운 비전을 세워주고, 조직 내에서 다른 구성원들을 이해하고 교감하는 데 크게 도움 된다.

- 그동안 침묵하거나 회피해왔던 숨겨진 진실 및 불편한 진실을 직접 들여다볼 수 있게 하고 쌓여왔던 문제를 해소할 수 있게 해준다.

- 조직의 비전과 변화를 구성원 모두가 공유할 수 있게 해준다.

- 연극을 통해 자신의 내면을 들여다보고 다른 구성원들의 내면을 알게 함으로써 앞으로 변화를 실천하겠다는 의지를 높여준다.

워크숍의 진행 과정은?

1단계 : 사전 준비

- 교육을 받을 회사(조직, 단체, 학교 등)의 사전답사와 조사를 통해 그 조직 내에 누적되어 있던 고질적인 갈등상황과 불편한 진실(소통 문제, 위기관리 문제 등)이 무엇인지 미리 인지한다.
- 리더 및 구성원 인터뷰를 통해 상황을 체크하고, 연극을 진행하고 나서도 구성원 간에 불편한 관계가 만들어지지 않을 것임을 공유하고 협의한다.

2단계 : 연극 해보기

- 전체 과정이 어떻게 진행되는지 강사가 강의를 통해 안내한다.
- 팀원 간에 토의를 통해 조직 내의 불편한 진실을 드러낸다.
- 주제와 상황을 선정하여 배역을 정한다.
- 연극을 발표한다.

3단계 : 개선안 및 마무리하기

- 연극을 통해 깨달은 개선안의 리스트를 작성한다.
- 개선안을 재연출하여 역할과 상황을 서로 바꿔봄으로써 공감과 이해

를 향상시킨다.
 - 소감을 나누고 마무리한다.

연극 워크숍 교육 후의 실제 소감과 반응

"팀원 간에 서로 소통할 수 있는 유익한 교육이었습니다."
"직접 참여하고 발표한 교육이 보고 듣기만 하는 교육보다 더 효과적이었습니다."
"직접 연기를 해봄으로써 더 많은 공감을 이끌어낼 수 있었습니다."
"연극이라는 형태가 주제를 전달하고 이해하는 데 도움이 되었습니다."
"처음 접하는 교육 방식이었지만 상당히 마음에 와 닿았습니다."
"상대방과 역할을 바꿔보니 역지사지로 다른 사람을 이해할 수 있는 기회였습니다."
"일방적인 교육이 아닌 양방향 교육이어서 집중력이 높았습니다."
"일방적으로 전달하는 강의에 비해 교육 효과가 엄청나다고 느꼈습니다."

워크숍의 구체적인 진행 과정

단계(소요시간)	내용과 방법	목적과 효과
워밍업 (30분)	- 불편한 진실의 의미와 개념을 이해한다. - 연극을 통해 내면을 드러내고 표현하는 것에 대해 부담감을 갖지 않도록 안내하고, 동기부여와 지킬 점 등을 공유한다.	강사의 강의 ↓ 팀원끼리 마음을 열어 적극적으로 참여하도록 유도한다.
불편한 진실 드러내기 (30분)	- 팀 또는 부서별로 토론을 통해 서기를 정하고, 서기는 진행과정 전체를 기록한다. - 그동안 드러내기 힘들었거나 불편한 진실이 무엇이었는지를 발표한다. - 발표는 한 사람도 빠지지 않고 모두 한다.	조별 토론 ↓ 서로 간에 묵과하거나 침묵으로 일관했던 불만과 불평들을 끄집어 내어 표현하여 그 원인을 찾고 해소 방법을 모색한다.
주제, 상황, 배역 선정 (50분)	- 토론한 내용 중에서 고질적 문제를 뽑아 주제로 선정한다. - 역할과 배역을 선정한다. - 분위기의 극대화를 위해 음악이나 조명을 준비한다.	팀원 토론 및 강사의 코칭 ↓ 문제 해결을 위한 협동심을 발휘하여 극을 준비하는 과정에서 공감의 시간을 갖고 그동안 감춰졌던 문제가 드러나는 것을 경험한다.

연극 공연 (40분, 2-4팀이 공연)	- 팀별로 내용을 발표하고 극을 공연한다.	- 그동안 쌓였던 문제를 객관화시키는 시간을 갖는다. - 팀원 각자가 맡은 역할을 통해 다른 팀원을 이해하고 앞으로의 개선 방안에 대해 서로 이해하고 수긍하는 시간을 갖는다.
장면이나 역할 바꾸기 (60분)	- 팀별로 개선안을 발표한다. - 장면이나 역할을 바꿔 심리극을 진행해본다. 이때 환경과 타인은 변하지 않은 상태에서 나 자신의 변화를 시도함으로써 현실이 어떻게 달라지는지 깨닫는 시간을 갖는 것이 가장 중요하다.	- 장면이나 역할을 바꿔 진행해봄으로써 현실에서 구체적이고 직접적인 행동 변화를 유도한다. - 집단적인 공감을 끌어내고, 침묵이 빚어낸 오해를 해소하는 시간을 갖는다.
소감 나누기 (60분)	- 소감을 나누고 공감과 지지의 시간을 갖는다. - 앞으로의 개선안을 실제 현실에서 실행할 것을 다짐하고 향후 어떻게 적용할 것인지 플랜을 작성한다.	연극을 경험함으로써 자기반성이 가져다주는 긍정적인 마인드를 회복한다.

〈진행2〉

심리극을 통한 '자기경영과 힐링의 드라마' 만들기

심리극은 감춰왔던 자신의 진짜 모습과 상처를 대면하고, 나와 비슷한 경험을 가진 동료들과 공감함으로써 개개인의 자존감을 회복하는 데 큰 도움을 준다. 청소년, 입시준비생, 취업준비생, 회사원 등 미래에 대한 비전을 강화시키고 자기 치유의 시간이 필요한 다양한 계층과 직종의 사람들에게 적용할 수 있다. 심리극 전문 강사의 지도하에 소규모 인원을 구성하여 수업을 진행한다.

심리극 수업의 구체적인 진행 과정

단계(소요시간)	내용과 방법	목적과 효과
워밍업 (30분)	시원하게 소리 지르기, '꼬인 인연 풀기' 게임 등	다 같이 게임을 통해 마음을 열고 적극적인 참여를 유도한다.
내면 고백 (30분)	- '진짜 나' 소개하기 - 잘 하려고 노력했지만 잘 되지 않았던 경험 공유하기 - 1년 뒤 나의 바램 공유하기 - 성공한 내 모습에 대한 축하 파티 하기	조별(2인 1조) 및 구성원 다 같이 ↓ 잃어 버렸던 꿈을 찾아 자존감을 회복하는 시간을 갖는다.

자기경영 드라마 만들기 (100분)	- 삶의 의미에 대해 생각해 보는 시간을 갖는다. - 현재와 미래의 내 모습과 마주한다. - 미래의 내가 되기 위한 액션플랜을 도출한다. - 어려움을 극복할 수 있는 자기경영 플랜을 찾는다.	심리극을 통해 ↓ - 개인의 비전을 구체화하고 비전 달성을 위한 구체적이고 실질적인 방법을 도출한다. - 심리극을 통해 어려움을 극복하는 과정을 체험하여 비전 달성에 대한 자신감을 키운다.
비전 작성하기 (60분)	- 미래의 내 모습으로 목표를 설정한다. - 현재의 내 모습 vs 미래의 내 모습을 비교한다. 그 거리만큼 공간 비워둔다. - 미래에 대한 목표의 의미와 가치에 대해 정리한다. - 미래의 내가 되기 위해 현재 내가 실천하고 있는 것, 앞으로 실천해야 할 구체적인 행동을 정리한다. (동료들이 연기를 통해 순차적으로 보여준다.) - 우선순위별로 재작성한다. - 생각과 행동을 구분하여 실천 방안을 도출한다. - 자신의 꿈과 목표의 의미와 가치를 재점검한다.	- 물질적인 도움이 있어야 가능한 일들과 그렇지 않은 일 구분해본다. - 실제적으로 바로 할 수 있는 행동 변화를 이끌어낸다.

〈진행3〉

역할심리극을 통한 '분노조절' 프로그램

'나는 분노하는 사람인가, 상처받은 사람인가?'
 분노라는 감정 안에는 여러 가지 요인이 들어있다. 화가 나는 요인이 무엇인지, 분노를 제어하지 못했던 고질적인 습관은 무엇이었는지를 역할심리극을 통해 돌아볼 수 있다. 또한 심리극을 통해 자신의 분노를 방해했던 기존의 습관을 버리는 체험을 할 수 있다.
 청소년에서 성인에 이르기까지 평소 분노를 제어하지 못해 일상생활과 대인관계, 가족생활에서 어려움을 겪었던 사람이라면 누구나 심리극을 통해 치료의 경험을 해볼 수 있다. 소규모 집단을 구성해 진행한다.

왜 분노조절에 효과적인가?

 - 분노를 조절하는 방해 요인을 직접 대면할 수 있는 기회를 만들어 준다.

 - 자신의 분노감정을 대면하되 안전한 곳에서 안전한 방법으로 행위화 시켜 감소시킬 수 있는 탁월한 방법이다.

- 자신이 느끼는 분노의 원인이 무엇이었는지를 심층적으로 돌아볼 수 있게 한다.

- 자신이 왜 분노감정을 느끼는지, 그 분노 안에 어떤 상처가 들어있는지를 찾아보고 구분할 수 있도록 통찰력을 키워준다.

- 심리극을 통해 자신의 분노조절을 방해하는 요인들이 걷어지는 과정을 실질적으로 만남으로써 감정적 카타르시스를 느낄 수 있다.

- 분노를 유발하던 요인을 걷어내어 비로소 자기 안의 미안한 감정과 만날 수 있다.

- 분노를 걷어낸 자신과 마주함으로써 자신이 진정으로 원하는 자신의 꿈과 만나보는 미래 투사를 경험한다.

- 자신이 버리고 싶은 감정과 새로 가지고 싶은 감정이 무엇인지를 연극적 행위화를 통해 경험할 수 있다.

- 심리극을 통해 체험적으로 경험하므로 이후 자신의 실제 삶 속에서 행동과 생각에 자발적인 변화를 불러 일으킬 수 있다.

분노조절 심리극 진행 과정

단계(소요시간)	내용과 효과
집단토론 (90분)	- '나는 화가 난 게 먼저인가? 속상한 게 먼저였을까?'를 주제로 자신을 돌아보는 시간을 갖는다. - 자기 인생의 지도를 그려봄으로써 분노의 시작점과 끝점을 찾아보고 예상해본다. - 집단의 공감과 지지를 통해 앞으로 바뀐 모습이 어떻게 되고 싶은지 나누는 시간을 갖는다.
역할심리극 (90분)	- 심리극을 통해 나를 화나게 하는 사람과 상황을 접했을 때 안전하게 해소하는 체험을 해본다. - 연극 체험을 통해 감정의 카타르시스를 느낀다. - 연극속의 상황을 통해 잉여현실(여유감정)을 만난다. - 연극속의 잉여현실에서 나의 분노가 타인에게서 온 것인지, 나 자신이 스스로 만들어낸 것인지를 구분하는 기회를 갖는다.
연극치료 (90분)	- 분노를 해소하는 데 방해를 하던 평소의 습관이나 그동안의 고질적인 감정을 버려야 함을 깨닫는다. - 분노를 해소하기 위해 어떤 습관을 갖고 싶은지 극(예 : '마술가게'에서 감정을 사고 파는 연극치료)을 통해 직접 이야기해본다. (예 : '욕설을 버리고 싶어요.' '친절한 말을 사고 싶어요.')

공감과 마무리 (90분)	- 사람은 누구나 특별한 자기만의 재능을 가지고 태어났음을 공감한다. 그 재능이란 우연히 발견하는 것일 수도 있고, 이미 나 자신이 알고 있는 것일 수도 있다. 자기만의 특별함을 깨달음으로써 내면의 분노와 상처를 해소할 수 있음을 공유한다. - 꿈을 찾고 자신의 현실을 미래에 투사하는 연극 체험을 통해 여러 사람이 한 마음으로 어우러질 수 있었던 경험에 대해 교감한다. - 연극치료의 느낌과 자신의 비전에 대해 의미를 찾으며 마무리한다.

〈진행4〉

심리극을 활용한 마인드힐링 프로그램 best 4

역할심리극을 다양한 방식의 프로그램으로 구성하여 분노조절과 스트레스 해소, 심신의 균형과 긍정적인 마인드 창출에 효과적으로 활용할 수 있다. 심리극이라는 형태를 체험함으로써 오픈된 마인드를 만들어주고 내면의 상처를 대면하며 자존감을 찾아주는 데 큰 도움이 된다. 직업군 혹은 구성원의 성격에 따라 무궁무진한 방식으로 창의적인 시너지효과를 낼 수 있다.

① **분노극장**

→ 과거의 분노가 해결되지 않은 채 남아있으면 시간이 갈수록 덩치가 커지고 에너지도 높아진다.

쌓인 분노의 에너지가 극에 달하면 스스로 분노조절이 불가능한 상태가 되어 약자에게 해소하거나 자신을 해치는(자해, 자살) 순간이 오고, 분노조절장애나 충동조절장애 등 심리 장애의 다양한 질환으로 표출된다. 분노극장은 드라마의 체험을 통해 정서 및 행동 변화에 있어서 긍정적 체험을 하게 도와주고 자신의 분노를 직접 만나 해소할 수 있게 준다.

목표	내용
- 과거의 분노의 원인과 상황을 만나게 해준다. - 심리극을 통해 분노를 해소시키고 마음속의 오래된 응어리를 풀어준다. - 분노를 털어내고 현실을 잘 살아가게 도와준다. - 분노 때문에 가족과 주변사람을 힘들게 하던 습관을 버리고, 스스로 노력하고 싶다는 자발성을 갖게 한다.	- 안전하게 분노를 표출하는 심리극을 통해 자신만의 해소 방법을 자발적으로 깨닫게 된다. - 가정이나 일터에서 맡은 역할 때문에 힘들거나, 지치거나, 분노하던 상황을 심리극으로 만나본다. - 심리극 진행 원칙에 맞추어 [1.워밍업 / 2.행위화 / 3.나눔]의 단계별로 진행한다. - 소그룹으로 진행하며 - 3시간가량 소요된다.

② 트라우마 극장

→ 인간은 공포스러운 경험(재난, 교통사고, 성희롱, 성폭력, 가정폭력, 뱀 등 혐오생물 경험, 자살 목격, 왕따, 학교폭력, 타인의 언어폭력 등)을 당했을 때 심리적 반응과 신체적 반응을 보이게 된다.

이러한 반응은 시간이 갈수록 본능과 같은 형태로 몸에 남겨진다. 그 결과 꿈(악몽)을 꾸거나, 과거 공포 기억과 유사한 장소와 색깔, 모양을 접했을 때 온몸이 굳어지거나, 소름이 돋거나, 심장이 심하게 요동을 친다. 이로 인해 대인기피증, 공황장애, 고소공포증 증상으로 나타난다. 트라우마 극장을 통해 과거의 공포 경험으로 인해 심신에 남겨진 깊은 트라우마의 원인과 상황을 해소할 수 있다.

목표	내용
- 트라우마를 유발한 과거의 사건, 원인, 상황을 만난다. - 심리적 트라우마를 해소시키고 털어낼 수 있게 돕는다. - 트라우마를 해소하여 신체적 증상(공황장애, 각종 공포증 등)을 차츰 없앨 수 있도록 한다. - 트라우마로 인한 분노 때문에 가족과 주변사람을 힘들게 하던 생활에서 벗어나게 하고, 스스로 나아지고 싶다는 자발성을 갖게 한다.	- 심리극을 통해 과거 경험 회피가 아니라 재연을 경험한다. - 심리극을 통한 공포의 재연을 통해 공포와 직면하는 용기를 갖는다. - 약자에서 강자로 확장하고 발전하는 행위화의 과정을 통해 서서히 자신감을 회복한다.

③ 마술가게

→ 마술가게는 버리고 싶은 감정을 팔고, 갖고 싶은 감정을 살 수 있는 가게이다.

마술가게에서 감정을 팔거나 사는 역할심리극을 해보는 체험을 통하여, 분노나 불안, 열등감 같은 부정적 감정을 해소한다. 변신하고 싶은 마음만 있다면 누구나 주인공이 되어 드라마를 체험할 수 있다.

목표	내용
- 마술가게는 물건이 아닌 감정을 사고 파는 가게이다.	- 버리고 싶은 감정과 사고 싶은 감정을 드라마로 만들어 '새로운 나'로 재탄생하는 자발적 변화와 욕구를 충족시킨다. - 어떤 감정을 버리고 싶고, 어떤 감정을 사고 싶은가? 살아오면서 갖고 싶었던 감정, 바꾸고 싶었던 감정을 구입하는 행위를 해본다. - 팔고 싶은 감정 : 분노, 불안, 짜증, 불편함, 공포, 열등감 등 - 사고 싶은 감정 : 행복, 안정, 편안함, 자존감 등

④ 미래극장

→ '미래극장' 및 '비전 액팅 드라마'는 미래의 나를 미리 만나보는 역할심리극이다. 미래의 나를 만나봄으로써 마치 다시 태어나는 것 같은 기분이 되어 스스로 정말 잘 살고 싶다는 열망을 갖게 된다. 또한 막연함이 구체적인 계획으로 변하고, 변화를 위해 스스로 실천하게 도와준다.

목표	내용
- 미래의 내 모습을 만나보고, 현재와의 거리가 얼마나 되는지를 직접 대면하게 한다. - 이를 통해 자신의 성공된 모습을 만나기 위한 필요한 역할들을 나열하고, 그 역할이 반드시 해야 할 구체적인 행동과 실천 키워드를 찾게 해준다.	- 미래에 무엇이 되고 싶은지 표현해본다. 유치해도 좋고 막연해도 좋으니 자유롭게 표현한다. - 현재의 내 모습(표정, 행동)을 돌아본다. - 원하는 것을 이룬 후의 내 모습(표정, 행동)을 상상한다. - 현재와 미래의 마음의 '거리'가 어느 정도 되는지를 지정한다. - 미래를 위한 필요한 현재의 역할들이 등장하여, 구체적인 실천 행동을 대사로 표현하게 한다. - 미래의 꿈을 방해하게 하는 대사를 표현하게 한다. - 방해하는 요소들을 노력으로 극복하는 극을 진행한다. 방해 역할을 제거하고 성공하여 환호를 받는 장면을 연출한다.

마인드힐링연구소　070-8273-7222 / 010-3657-0824
www.mhealing.kr 이메일: yjj_red@naver.com

| 맺음말 |

절망 속에도 희망은 있다

    나는 살아오면서 두 번의 커다란 절망이 있었다.
    첫 번째 절망은 가난으로 인해 연극 무대를 떠날 때였다. 24살에 그 좋아하던 연기를 그만두었다. 무대를 떠나기로 한 날 얼마나 허망했는지 모른다. 돈을 벌어야 하는 불안의 세계로 가는 길이 무서웠다. 대학로를 천천히 세 바퀴 돌며 마음의 카메라로 찍었다.
    '조금만, 조금만 돈 벌고… 그리고 다시 올게.'
    하지만 전공과 상관없이 돈을 벌기 위한 일을 할 때는 후회도 했었다.
    '결국 이렇게 될 거였다면 어디에 써먹는다고 딴따라 과를 나왔을까?'
    등록금이 아깝고 시간은 허무했다. 스타를 만들어주는 연예인 매니지먼트 회사에서 전략기획분야를 담당하기도 했다. 나는 배우를 포기했지만 누군가를 빛내 주는 역할이라도 하고 싶었다.
    마지못해 일을 할 때는 일터가 싫고 고객은 짜증났었다. 짜증난 내 얼굴이 모든 문제를 불러일으켰다. 사람에게 당하고 싶지 않아서 연기를 했다. 싫은 사람을 만나도 '연기다' 생각하며 달랬다. 웃는 연기, 신나는 연기, 고객을 좋아하는 연기를 했다. 그러자 비로소 월급이 오르기 시작했다. 스토리를 나누며 친해진 고객이 단골이 되기도 했다.

나는 인생에 오히려 의욕을 가져보기로 했다. '어! 그럼 이젠 내가 나를 마음대로 해도 되겠네! 잘 살기만 하면 연극을 다시 할 수도 있는 거네. 누가 방해할 거야? 내가 대장인데!' 하는 마음을 먹었다. 그러자 기운이 나기 시작하고 오히려 제대로 잘 살고 싶은 의욕이 생겨났다. 이것이 상담기법 중 이야기치료에 나오는 '독특한 수확물'이라 할 수 있다. 절망 속에서 오히려 수확물을 얻는 것이다.

두 번의 절망, 그리고 더 큰 수확

두 번째 절망은 37세 때 사별로 혼자가 될 때였다. 둘째 아이 임신 7개월의 몸으로 남편과 영영 이별한 날, 혼자 두 아이를 키우며 살아가야 할 길이 두려웠다.

뱃속의 둘째 아이는 7개월, 큰 아이는 7살이었다. 행운의 숫자 '7'이 아이들에게 있었다. 심지어 7월 여름이었다. 나는 가장이 되었고, 내가 쓰러지면 뱃속 아이가 위험할 것 같아 정신을 차려야 했다.

사업을 하다 갑자기 세상을 떠난 남편이기에 재산보다는 빚을 물려줄 가능성이 더 많았다. 장례식장 첫날부터 어디서 알고 왔는지 돈을 받으러 온 사람들이 나타나 진을 쳤다. 돈을 빌려준 사람들은 귀신같이 숨었다. 그게 인생이라는 걸 깨달았다. 계획대로 살 수 없는 게 인생이라는 것. 복불복이라는 것.

6개월이 지났을 때 내 수중에는 달랑 100만원이 남았다. 그 돈으로 나에게 투자를 했다. 예술상담학과로 편입했다.

일터에 뛰어들 때는 자존심은 신발장에 버려두고 나갔다. 자존심을 챙기려 하다가는 내 아이들이 불쌍해질 것이 뻔했다. 남에게 이기는 것이 아니라 져주는 것을 배웠다.

강의를 다니면서 남편이 있는 유부녀인 척 했다. 하지만 그렇게 나를 속이는 게 괴롭고 지쳐갔다. 상담 공부를 시작한 건 결국 남을 위해서가 아니라 내가 살아가기 위해서였을 것이다.

나를 보고 사람들은 강하다고 했다. 자존심을 버렸는데도 강하다고 해주니 묘한 일이다. 신기한 것은 첫 번째 경험했던 절망으로 인해 돈을 벌어봤기 때문에 두 번째 절망을 버틸 수 있었다는 점이다.

얼마 후 정말로 연극 무대가 다시 나에게 왔다. 연극 치료와 강의 무대를 누비며 일을 하게 되었다. 살아온 경험을 토대로 강단이라는 무대에서 열정이 살아나는 감흥을 얻었다. 세월이 흐른 지금, 맨 처음 내 손에 있던 단돈 100만 원으로 그래도 1억은 넘게 벌었다.

그리고 다시 한 번 깨달았다. 절망 속에는 분명 독특한 수확물이 존재한다고.

일을 위해 자존심을 버렸을 땐 칼에 베이는 것처럼 마음에 생채기가 났다. 정말 아팠다. 하지만 그때 아팠던 게 지금은 나에게도 보람이고 타인에게도 보람이 되어준다. 내가 겪은 아픔이야말로 '마인드힐링' 전문가로서 강의와 상담을 할 수 있게 된 희열의 씨감자다.

겨울에서 봄에게로

오래 전 연극하던 시절에 자주 가던 다락방 카페가 있었다. 다락방이라는 공간에서 할 수 있는 사색의 시간이 좋았다. 더불어 그 카페에 이름이 마음에 들었다.

카페 이름은 '겨울에서 봄에게로'였다.

겨울은 갑자기 오는 것이 아니다. 겨울이 올 거라는 예고나 조짐이 다 있다. 어떤 사건에는 사전에 암시가 분명히 있다. 그걸 알아차리지 못하는 건 스스로 안일하게 여기는 과오를 저질렀기 때문이다. 하지만 아무리 혹독한 겨울도 언젠가는 봄이 온다. '반드시' 온다.

인생길에 차별이 없다. 한없이 행복하기만 하고 한없이 편하기만 한 인생길은 존재하지 않는다. 누구나 감당 못할 시련이 온다. 먼저 겪거나 나중에 겪는 차이가 있을 뿐이다.

가진 것이 없을 때 겪는 시련은 훗날 뿌듯함을 줄 것이고, 가진 것이 있을 때 겪는 시련은 자신의 과오를 깨닫게 해줄 것이다.

나는 살면서 단 한 번도 행운의 상징이라는 '네 잎 클로버'를 본 적이 없다. 여러 번 발견했다고 하는 사람의 이야기를 간혹 들은 적이 있는데 그럴 때면 '이상하네. 내 눈에는 보이지도 않는데?' 하고 생각했다. 그리고 체념했다.

'역시 나에겐 행운 같은 건 없나 보다. 죽어라고 고생만 하라는 뜻이네.' 하지만 언제부턴가 생각을 바꿨다. '세 잎 클로버는 늘 잘 보이지 않는가?'라고.

나는 고생 끝에 오는 작은 성취에서 힘을 얻는 삶을 즐겼다. 행복은 행운에서 오는 것이 아니라 노력이 습관이 되는 것에서 오는 것임을 깨달았다. 그래서 다음 구절을 좌우명처럼 가장 좋아하게 되었다.

'No pain, no gain.'

잃는 것이 있으면 얻는 것이 있다. 고통이 있으면 반드시 수확하는 게 있다. 절망 뒤에는 희망이 있다. 아픔의 경험을 통해 성숙할 수 있고 나 자신과 타인을 치유할 수 있다.

태어나서 처음으로 열정을 쏟았던 연기를 그만 둔 후 세월이 많이 흘렀다. 강산이 두 번이나 바뀐 세월이다.

먹고 사는 문제가 어느 정도 해결되면 무엇을 먹고 얼마나 가치 있는 일을 하며 살 것이냐에 직면하게 된다. 그 순간부터 자신의 과거를 돌아보게 된다.

'나는 어떻게 여기까지 왔나? 얼마나 발버둥을 치며 왔나?'

'발버둥'이라는 단어를 떠올리면 조금 서러우면서도 나 자신이 기특해진다.

나는 한 번도 부자로 살아본 적이 없다. 한 번도 공부를 잘했던 적이 없다. 한 번도 '갑'의 위치에서 우월한 적도 없다. 바쁘게 나를 던지고 스스로 던져진 채 살아온 지난날을 생각하면 때론 말도 못하게 서러워진다. 하지만 남이 나를 사랑하기 전에 내가 나 자신을 정성스럽게 토닥토닥 해주고 달래주어야 한다는 걸 이제는 잘 알고 있다.

한 번이라도 자살을 시도한 내담자를 만났을 때 내가 꼭 해주는 말이 있다.

"너는 너를 포기해도 나는 너를 포기 안 해."

이 말은 어쩌면 내담자에게 해주는 말인 동시에 나 자신에게도 해주는 정성과 진심의 말 한 마디일지도 모른다.

감정회복

초판 1쇄 인쇄 2015년 08월 28일
     1쇄 발행 2015년 09월 15일

지은이	윤재진
발행인	이용길
발행처	모아북스 MOABOOKS
관리	정윤
디자인	이룸
출판등록번호	제 10-1857호
등록일자	1999. 11. 15
등록된 곳	경기도 고양시 일산동구 호수로(백석동) 358-25 동문타워 2차 519호
대표 전화	0505-627-9784
팩스	031-902-5236
홈페이지	www.moabooks.com
이메일	moabooks@hanmail.net
ISBN	979-11-5849-007-2 13180

· 좋은 책은 좋은 독자가 만듭니다.
· 본 도서의 구성, 표현안을 오디오 및 영상물로 제작, 배포할 수 없습니다.
· 독자 여러분의 의견에 항상 귀를 기울이고 있습니다.
· 저자와의 협의 하에 인지를 붙이지 않습니다.
· 잘못 만들어진 책은 구입하신 서점이나 본사로 연락하시면 교환해 드립니다.

모아북스MOABOOKS 는 독자 여러분의 다양한 원고를 기다리고 있습니다.
(보내실 곳 : moabooks@hanmail.net)